Walter Beerwerth

ADS – das kreative CHAOS

Walter Beerwerth

ADS – das kreative CHAOS

Kreuz

Inhalt

Vorwort

Liebe Leserin, lieber Leser,
ADS hat mein Leben im Guten wie im Bösen bestimmt. Menschen, die mich mögen, empfinden mich als anstrengend, andere als unerträglich. Denen, die mich mögen, verdanke ich vieles. Oft habe ich es nicht gedankt. Wer mich liebt, hat mit mir eine schwere Bürde zu tragen. Ich denke da besonders an meine Mutter und an meine Frau.

Eine langjährige Tätigkeit als Oberarzt in unterschiedlichen Röntgenabteilungen endete in der Katastrophe. Nach dem Zusammenbruch kam die Diagnose des ADS.

Was mich seither notdürftig zusammen hält, ist Tag für Tag dasselbe: pünktliches Aufstehen, regelmäßige Mahlzeiten, eine Stunde Kopfarbeit, Mittagsruhe, zwei Stunden Sport, Sonnenlicht, viel Familie, abends zeitig im Bett liegen. Das wird durch die Selbsthilfegruppe ergänzt.

Der täglichen Stunde Kopfarbeit nach dem Frühstück ist dieses Buch entsprungen. Der Beruf hat mich geprägt. Fachübergreifendes Arbeiten, analytisches Denken und Patientengespräche machten meinen Alltag aus. So bin ich an das nötige Handwerkszeug gekommen. Die Teilnahme an der Selbsthilfegruppe allein hätte nicht genügt.

Ich hoffe, liebe Leserin, lieber Leser, sie haben ein wenig Freude an dem Ergebnis. Es ist keineswegs nötig, alles der Reihe nach zu lesen. Stöbern Sie ruhig. Wenn Sie ADS haben sollten, wird Ihnen das entgegen kommen. Auch die Sprache ist deshalb so locker wie möglich.

1. Die Geschichte der Diagnose »Aufmerksamkeitsstörung«

Im ersten Kapitel wird zusammengefasst, was die Lehrmeinung über das Aufmerksamkeitsdefizitsyndrom ist und wie es zu ihr kam.

Das, was wir allgemein etwas ungenau als »Aufmerksamkeitsdefizitsyndrom mit und ohne Hyperaktivität« bezeichnen, kurz »AD(H)S«, ist angeboren. Es wird vererbt. Wenn Sie so wollen, ist es eine Erbkrankheit oder eine von Generation zu Generation weitergegebene Eigenschaft. Bei Zuckerkrankheit zum Beispiel ist es ebenso. Sie hat es immer schon gegeben, wurde früher aber nur selten festgestellt. Diese ererbte Krankheit ist erst heute durch geänderte Lebensbedingungen zum massenhaften Problem geworden. Wir nennen das »Zivilisationskrankheit«. Genauso hat es immer schon ADS gegeben. Aber erst durch die industrielle Revolution haben sich unsere Lebensbedingungen so geändert, dass eine »Massenerkrankung« entstehen konnte. Aus einer ursprünglich günstigen, zumindest nicht nachteiligen Erbanlage wurde ein echtes Problem. Für die Verbreitung der Zuckerkrankheit waren die gute Ernährung und das zunehmende Alter der Bevölkerung die verantwortlichen Faktoren. Für ADS, die Veranlagung zum Chaos, sind es andere Faktoren. In der Literatur wird allgemein der Zappelphilipp aus dem Kinderbuch »Der Struwwelpeter« des Arztes Dr. Heinrich

Hoffmann als Symbolfigur für den Beginn der »Krankheit« ADS gesehen. Wie kann das sein: Eine immer schon vorhandene Erbanlage wird im Jahre 1845 auf einmal auffällig? Betreiben wir etwas Kulturgeschichte, und wir werden die Zivilisationskrankheit ADS verstehen lernen.

Dr. Hoffmanns Zeit

Versetzen wir uns in diese Zeit zurück! Die Französische Revolution liegt eine Generation zurück. In Deutschland herrschen zum Verzweifeln engstirnige politische Verhältnisse. In den letzten Jahrzehnten ist das Bürgertum zu einer bedeutenden wirtschaftlichen Kraft in den deutschen Kleinstaaten geworden. Von der Macht ausgeschlossen, demonstrieren die Bürger ihren Status auf andere Weise. »Benimm« ist das Schlagwort. Tatsächlich bedeutet das, sich den Luxus zu leisten, eine Unzahl kleiner und enger gesellschaftlicher Regeln zu lernen. Das kostet Zeit und Kraft, was sich kein Handwerker (ein Bauer schon gar nicht) leisten kann. Das bedeutet auch eine strenge Abrichtung der Kinder mit einem menschenverachtenden Drill. Sonst sind die vielen der menschlichen Natur nicht entsprechenden Regeln nicht durchzusetzen. »Beim Essen wird nicht gesprochen!« – Ja, wann denn sonst? »Im Beisein Erwachsener hast du zu schweigen, außer du antwortest auf Fragen.« »Auf der Straße darf nicht gespielt werden, das schickt sich nicht.« »In der Wohnung hast du dich ruhig zu verhalten.« Dazu kommt, dass die Kleidung unzweckmäßig gestaltet ist, um den niederen Ständen zeigen zu können: »Unsere Familie kann sich erlauben, sogar unseren Kindern Kleider anzuziehen, in denen niemand arbeiten oder im Schmutz spielen kann!« In einer Zeit, in der Kinderarbeit die Regel ist, sicherlich ein wirksames Statussymbol. Leider lassen sich im »vornehmen Rock« keine kindgerecht wilden Spiele machen. Die sind aber ohnehin verboten und fallen nun an der verschmutzten Kleidung auch im Nachhinein auf. Sauberkeit wird zum Selbstzweck: »Ich kann mir im Gegensatz zu 95 % der Bevölkerung eine allzeit fleckfreie Kleidung leisten.« Bedenken wir, es ist eine Zeit der schmutzigen körperlichen Schwerstarbeit. Waschmaschinen gibt es nicht, und Bekleidung ist unverhältnismäßig teuer. Ein Arbeiter oder Knecht hat allzu oft keine Sonntagsjacke neben seiner abgewetzten Arbeitsjoppe. Die Kinder der einfachen Leute gehen sommers barfuß, winters in Holzschuhen. Ihre Kleidung wird mehrfach vererbt, umgearbeitet und geflickt.

Lesenswertes zu England am Vorabend der Industrialisierung finden Sie bei Peter Laslett. In meiner Heimat, der ehemals preußischen Provinz Westfalen, waren die Verhältnisse ähnlich, nachzulesen zum Beispiel in »Westfälische Geschichte« (Herausgeber W. Kohl).

Wenn Sie, liebe Leserin, lieber Leser, nun zur Ansicht gekommen sind, das Bürgertum der Biedermeierzeit habe seinen Kindern ungesunde Verhältnisse geschaffen, will ich nicht widersprechen. Wer unter diesen Verhältnissen auffiel, ist aus heutiger Sicht normaler als die angepassten Personen der Umgebung.

Schultafeln und rauchende Schlote

Das Bürgertum hatte sich in ein knöchernes Korsett von Spielregeln begeben. Politisch ist es die Zeit der Stagnation. Und sonst? Wirtschaftlich und technisch sind wir mitten in der ersten industriellen Revolution: Dampfmaschinen, Eisenbahnen, Textilmaschinen, Kanäle, Bergwerke bisher ungeahnter Dimensionen, fahrplanmäßiger Schiffsverkehr, Hochöfen, neue Stahlherstellungs- und Bearbeitungsmethoden… In England rauchen schon überall die Schornsteine, in Deutschland holt die Industrialisierung Schwung, um in den nächsten Jahrzehnten aufgrund der besseren Schulen auf die Überholspur zu gehen. Der Auftakt zu der Aufholjagd ist die Eröffnung der Köln-Mindener Eisenbahn 1847. An ihr hängt das Rheinisch- Westfälische Industrierevier bis in die jüngste Vergangenheit wie an einer Nabelschnur. Gleichzeitig beginnt die Bevölkerung zu wachsen. Verbesserte Ackerbaumethoden und die Befreiung der Bauern ermöglichen das. Die Folgen sind allenthalben sichtbar. Lebte bis dahin nur ein winziger Bruchteil der Menschen in Städten, so änderte sich das.

Eine neue Klasse entsteht die Schreibtischarbeiter. War bis dahin (den Klerus einmal ausgenommen) kaum jemand mit Feder und Tinte beschäftigt, entsteht nun eine Fülle von Büros. Auf einmal wird es wichtig, dass die Mehrheit der Bevölkerung lesen, schreiben und rechnen kann. Bauern und Handwerker früherer Tage kamen ohne diese Fertigkeiten aus. Landvermesser und Bergwerksingenieure aber müssen trigonometrische Tabellen lesen können. Die Eisenbahn verlangte notwendigerweise eine gewisse Schulbildung. Mag der Fahrgast sich noch durchfragen können, so muss das gesamte Personal in der Lage sein, einen Fahrplan lesen können. Der gestiegene Frachtverkehr lässt sich nur mit einiger Bürokratie wie Frachtpapieren, Laufzetteln und Buchführung bewältigen. Selbst der nun allgemein eingeführte Landbriefträger muss Adressen lesen können.

Ein Meilenstein der Vorbereitung der Industrialisierung Deutschlands war die Einführung der allgemeinen Schulpflicht in Preußen im Jahre 1763. Etwas vorzuschreiben und durchzusetzen sind jedoch verschiedene Dinge. Über Jahrzehnte war die Schule ihren Namen nicht wert. In der ersten Hälfte des 19. Jahrhunderts, der so genannten Biedermeierzeit, hat der Staat mit Erfolg versucht, aus den unregelmäßig besuchten und schlecht geführten Schulen schlagkräftige Bildungseinrichtungen zu machen. Die preußische Geschichte dieser Zeit liest sich wie eine Geschichte der Schulreform: angemessene Bezahlung der Lehrer, so dass sie davon leben können, Lehrerseminare zur Verbesserung ihrer Qualifikation, Einführung neuer und Verbesserung alter Schulformen, Durchsetzung der Schulpflicht auch auf dem Lande, kleinere Klassen – zuvor kamen in manchen Landesteilen 150 Schüler auf einen Lehrer.

In Deutschland ging der industriellen Revolution eine Bildungsrevolution voraus. Davon zehren wir noch heute. Wer aber waren die Lehrer? Es waren genau die Bürger, die wir im »Struwwelpeter« kennen gelernt haben. Kleinlich bis zum Exzess, verliebt in Regeln, sich stets bewusst, dass sie ihren »Stand« nur mit »Benimm« und »Schicklichkeit« verteidigen können. Auch die Schule kann man vortrefflich benutzen, um seine Exklusivität zu wahren. Das Regelwerk der deutschen Rechtschreibung und die fromme Ehrfurcht, die ihm gegenüber gepflegt wird, ist ein Überbleibsel aus dieser Zeit.

Einige Schüler fielen auf. Viele davon hatten erfolgreiche, kreative und risikobereite Eltern. Deren Erbanlagen hinderten diese Kinder daran, lebenswichtige Dinge wie griechische und lateinische Vokabeln zu lernen. Der Sinn des Lernens von Jahreszahlen der antiken Geschichte erschloss sich ihnen nicht. Sie waren unfähig, dem Lehrer bei solchen Themen aufmerksam zu folgen. Still sitzen zu bleiben, fiel ihnen schwer: Fatal, da dies doch als Selbstzweck angesehen wurde. Wenn der Lehrer ungerecht zu einem ihrer Mitschüler war, meldeten sie sich spontan zu Wort. Ein grober Fehler, bestehen doch Lehrer und Ärzte darauf, zu bestimmen, was »Recht« ist.

In einem unnatürlichen Sozialverband wie dem 30 gleichaltriger

Kinder konnten sie sich schlecht einfügen. Seit Jahrmillionen leben wir in altersgemischten Gruppen. Nun ist auf einmal die Klassengemeinschaft eingeführt worden. Mit all den Drangsalierungen untereinander stellt sie bis heute ein zentrales »Schulproblem« dar. Die Pädagogen klagen, die Familie hätte versagt. Dieser Unfug ist so oft wiederholt worden, dass ihn mittlerweile auch die Eltern glauben. Durch die nicht »artgerechte Haltung« in der Schule werden Kinder und Jugendliche aus verhaltensbiologischen Gründen zu aggressivem Verhalten und Ausgrenzung einzelner gezwungen.

Nun, im Biedermeier fallen Kinder unangenehm auf, die unter anderen Umständen als mindestens normal (wenn nicht besonders clever) gegolten hätten. Es sind viele darunter, die über besondere Gaben und einen ausgeprägten Charakter verfügen. Die bürgerlichen Elternhäuser arbeiten mit den Schulen Hand in Hand. Mit dem Erfolg, dass sich von Minderwertigkeitskomplexen gequälte Verhaltenskrüppel entwickeln. Der böse Friederich aus dem Struwwelpeter fügt sich gut in dieses Bild ein. Die Schuld wurde (und wird) beim »unartigen« Kind und seiner schlechten Erziehung gesucht. Interessanterweise sind die Eltern durch genau die Spontaneität und Offenheit, die bei ihren Sprösslingen abgestraft wird, befähigt worden, vom Kleinhandwerker oder Bauern zum Bürger aufzusteigen. Wundert es Sie noch, dass Dr. Hoffmann, der Schöpfer des Struwwelpeters, ausgerechnet im ausgehenden Biedermeier und im bürgerlichen Frankfurt so viel von der störenden Seite des ADS gesehen und erlebt hatte? Dass er es vortrefflich beschreiben und sogar malen konnte? Dass es ihm in den verschiedenen, noch von der modernen Jugendpsychiatrie gesehenen Spielarten vertraut war? Dass er es, bis in das Mienenspiel seiner Figuren hinein, mit einem modernen Lehrfilm aufnehmen könnte? Woher hatte er diese Beobachtungsgabe und Kreativität? Das sind doch typische Zeichen eines ADS! Und tatsächlich finden sich in seiner Biographie Hinweise auf ein solches.

Der Struwwelpeter

Sehen wir uns einmal dieses berühmte Buch an. Das gesamte Bilderbuch ist ein Vorläufer der heutigen Comics. Es wird von zwei Themen bestimmt. ADS in allen heute bekannten Spielarten zum einen und dem Scheitern der damit behafteten Menschen an der bürgerlichen Gesellschaft zum anderen.

Gleich auf dem Umschlag schaut uns ein Jugendlicher mit beneidenswert vollem Haar mürrisch an. Und lange Fingernägel hat er auch noch. Ein wahrer Bürgerschreck! Ungepflegte Haare und Fingernägel sind auch heute noch störend, wenn wir gesellschaftlich vorankommen wollen. Aber deshalb erschreckend?

Auf der ersten Seite wird das Buch mit einem Gedicht eingeführt. Wenn die Kinder artig seien, komme das Christkind. Was unter »artig« zu verstehen ist, wird sogleich definiert:

- »Suppe essen« (Arbeiter- und Bauernkinder waren mager, Bürger konnten sich »runde« Kinder heranfüttern.)
- »ohne Lärm zu machen still sein bei den Siebensachen« (Die meisten Familien konnten sich kein Spielzeug leisten und auch keine engmaschige Beaufsichtigung der Kinder, damit sie still blieben.)
- »beim Spazierengehen auf den Gassen von Mama sich führen lassen« (Wer konnte schon ein Kind als Statussymbol herausgeputzt durch die Gassen führen, wie heutzutage die Designerkleidung und das Schoßhündchen auf der Düsseldorfer Kö?)

Es folgt die Geschichte vom bösen Friederich, einem argen Wüterich. Dieser ungeratene Bursche quält Mensch und Tier, entkommt aber der Strafe nicht. Unter Verhältnissen wie oben angedeutet, die mit einer Fülle von Regeln nur dem Status der Eltern dienen, wird sich so etwas wie eine innere moralische Haltung schwer vermitteln lassen.

Weiter geht es mit einer Warnung vor dem Spiel mit dem Feuer, die immer noch brandaktuell ist.

Danach hat der Nikolas einen Auftritt, der Kinder in das Tintenfass taucht, weil sie einen Mohren auslachen. Ausgrenzung, Mobbing und dergleichen wird Ihnen beim Lesen dieses Buches immer wieder begegnen. Hoffmann – selber teils von ADS beflügelt, teils daran leidend (seine Biographie legt diese Diagnose nahe) – hat als Schulkind sicher Erfahrungen in diese Richtung gemacht. Den Zeigefinger hat er vermutlich aus schmerzhafter eigener Erfahrung erhoben. Auch in dem Buch, das Sie in der Hand halten, scheint es fast, als wolle ich den Nikolas spielen und manche Leute mitsamt der »Lehrmeinung« in das Tintenfass tauchen.

Zu unser aller Freude schießt auf den nächsten Seiten der Hase auf einen trotteligen Jägersmann. Dazu muss man wissen, dass damals die Jagd das Privileg des vom Bürgertum als verdummt angesehenen Adels war.

Dem Daumenlutscher werden danach die Hände verstümmelt. Glücklich, wer sich um Daumenlutschen und Sauberkeit Sorgen machen konnte, statt 16 Stunden am Tag zu arbeiten!

Nun kommt der Suppenkasper an die Reihe, der bei vollem Suppentopf verstirbt. Ein rundes Kind war für das Ansehen der Eltern wichtig, so wie heute ein magerer Mensch geschätzt wird. Wenn der fein gesteuerte Urtrieb des Hungers durch den Verstand beeinflusst wird, kommt dabei nur Unfug heraus! Damit sind wir mitten im Thema der Magersucht als »Zivilisationskrankheit«. Mit ADS besteht ein zusätzlich erhöhtes Risiko für Essstörungen, wie wir noch lernen werden. Eine solche ist, wenn sie als Magersucht auftritt, immer noch lebensbedrohlich.

Endlich begrüßt uns der berühmte Zappelphilipp. Ein mit Tischtuch (damals ein teurer Luxus) gedeckter Tisch, eine schweigende Familie und ein zappelndes Kind. Es kommt, wie es kommen muss. Das Kind, das nicht nur kippelt, sondern auch noch ungeschickt ist, räumt mit dem Tischtuch auch die teure Suppenterrine ab. Der Vater ist erkennbar jähzornig, die Mutter halb resigniert, halb entsetzt. Hiermit sind wir mitten im Thema ADS. Der Vater mit seinem Jähzorn zeigt uns die häufige impulsiv aggressive Form desselben. Der Sohn ist das, was wir heute als »hyperaktiv« sowie »in der Motorik gestört« bezeichnen. Sogar auf den Erbgang in dieser Familie können wir zurückschließen. Die Mutter hat es schon mit diesem Mann nicht leicht, noch weniger mit dem Kind. Beide zusammen wirken wie Dynamit.

Es tritt ein Faktor zutage, der aus heutiger Sicht zu den zentralen, oft unlösbaren Umfeldproblemen bei ADS gehört. Als Störung tritt ADS nur unter bestimmten Bedingungen, unter nicht kindgerechten Umständen auf. Die Angehörigen des Zappelphilipps sind hilflos: Essen ohne Tischwäsche oder gar das Kind in eine angeregte Unterhaltung verwickeln »gehört sich nicht«. Den Buben schon beizeiten zum Spielen zu entlassen und was es an Möglichkeiten mehr gäbe, liegt weit jenseits des Vorstellungsvermögens der Erwachsenen. Als Vater Strategien gegen den eigenen Jähzorn zu entwickeln, wird er als Familienvorstand als unwürdig empfunden haben. Die ganze Situation ist derartig verrückt, dass ich behaupte, der Zappelphilipp ist noch der Normalste in seiner gutbürgerlichen Familie. Schon sind wir mitten in der Diskussion darüber, ob und wer hier wodurch krank ist. Diese Fragen werde ich in diesem Buch immer wieder erörtern.

Wie im Lehrbuch der Psychologie folgt nach dem quirligen Rabauken der aufmerksamkeitsgestörte, aber liebenswerte Hanns Guck-in-die-Luft. Diesem stoßen, weil er träumend auf nichts achtet, einige Unfälle zu. Er gerät auch in Lebensgefahr, als er in das Wasser fällt. Das kennen wir mittlerweile als ADS der verträumten oder unaufmerksamen Art. Diese ist, wie wir heute wissen, ebenso häufig wie die hyperaktive Variante und ebenso gefährlich. Im modernen Straßenverkehr kann es sich keiner leisten, verträumt »daherzuschusseln«.

Beendet wird das Buch mit der Geschichte vom fliegenden Robert. Diesen hält es nicht zu Hause, und er geht bei unschicklich schlechtem Wetter nach draußen. »Unschicklich« ist es, weil nur arme Leute gezwungen waren, auch bei Regen und Wind im Freien zu sein, um ihrem Broterwerb nachzugehen. Der Sturm trägt den jungen Mann mitsamt Regenschirm davon; wohin wissen wir nicht. Und wieder ADS! Viele dieser Leute werden von ihrer Unrast aus dem Paradies der bürgerlichen Enge ausgetrieben. Das gilt für Spaziergänge ebenso wie für ferne Welten. Entdecker, Erfinder und Auswanderer haben überdurchschnittlich häufig diese seltsame Eigenschaft, die wir ADS nennen. Sie sind es, die das Wort »Du sollst Dir die Erde untertan machen« erfüllen, mit den guten wie schlechten Folgen. Wie es dazu kommt, darauf werde ich im Folgenden noch eingehen.

Einige Kinder neigen dazu, »schlechte Nerven« zu haben

Noch ist ADS eine »Unart« einiger Kinder. Noch hat diese »Unart« keinen Namen. In der ersten Hälfte des 20. Jahrhunderts bereitete sich die zweite industrielle Revolution vor, die wir derzeit als »Zeitalter der Information« bezeichnen. Zu den angesprochenen Problemen der bürgerlichen Familie des 19. Jahrhunderts treten nun die Probleme, die durch eine weitere nicht im »biologischen Programm« vorgesehene Form des Zusammenlebens – nämlich das Leben in der Kleinfamilie – entstehen. Impulsiven Menschen wie dem Zappelphilipp geht der ruhende Pol eines »Öhm« (der unverheiratete Onkel auf westfälischen Bauernhöfen), einer Oma oder einer verständnisvollen Hausmagd verloren. Bürgerliche Verhaltensweisen mit all ihren oben beschriebenen Folgen sind zur allgemeinen Norm geworden, ein Ausweichen ist nicht mehr möglich.

Mitten in der hohen Zeit des »Wilhelminischen Zeitalters« findet sich ein Nervenarzt, der dem Kind einen Namen gibt: *»Neuropathische Konstitution«*. Wenn ich das einmal übersetzen darf, ist es die Neigung, nervenkrank zu werden. Übrigens ist der Begriff näher an der Wirklichkeit als die heute gebräuchliche Definition. Der Namensgeber war Adalbert Cerny. Die Merkmale dieser potenziellen Neuropathen definierte er wie folgt: »Großer Bewegungsdrang, mangelnde Ausdauer im Spiel und bei jeder Beschäftigung, Unfolgsamkeit und mangelhafte Konzentrationsfähigkeit der Aufmerksamkeit beim Unterricht«. Nebenbei bemerkt, Kaiser Wilhelm, der dieser Zeit den Namen gab, war eine tragikomische Gestalt und hatte etwas mit Dr. Hoffmann gemein: Er zeigte als Kind alle Merkmale dieser neuropathischen Konstitution. Auch als Erwachsener hatte er gewisse Eigenheiten…

Nun wird eine Gehirnstörung gefunden

Adalbert Cerny ist lange tot, wir finden uns wieder im Informationszeitalter in den 60er Jahren des 20. Jahrhunderts. Die Situation verschärft sich durch eine Reizüberflutung, die den empfindsamen Menschen mit neuropathischer Konstitution den »letzten Nerv« raubt. Kraftfahrzeugverkehr, Radio, Fernsehen, bunte Reklame, schrill gekleidete Menschenmassen – insgesamt eine Herausforderung, Eindrücke zu sortieren. Diejenigen Individuen, die so veranlagt sind, dass sie kleinste Bewegungen »reizoffen« wahrnehmen, werden benachteiligt. Sie werden bis zur Erschöpfung überfordert. In der Gruppe der Verlierer stehen wieder der Zappelphilipp und der Hanns Guck-in-die-Luft. Diese Kinder werden zunehmend körperlich und seelisch krank. Aus der »Neigung zu …« ist ein beständiges Problem geworden. Es gibt Kinder, die nicht auf Knopfdruck funktionieren. »Funktionieren« ist im Maschinenzeitalter aber das einzige Kriterium geworden.

»Minimal brain dysfunction« nennt sich das auf Neudeutsch, aber mit demselben Inhalt. Als Ursache wurde angenommen, es habe etwas in der Schwangerschaft und Geburt nicht gestimmt und das Gehirn dieses Kindes habe einen Schaden bekommen. Tatsächlich haben viele Mütter von ADS-Kindern soziale Probleme, die sich in der Krise einer Schwangerschaft oft verschlimmern und häufig auch zu körperlichen Beeinträchtigungen führen. Ursache ist die schlechte Anpassung an die sozialen Bedingungen durch ihr ADS – oder das ihrer Partner. Erinnern wir uns: ADS wird vererbt.

Schwangerschaftsprobleme sind als *Folge*, nicht als Ursache des ADS zu sehen. Diese miteinander zu verwechseln ist bis heute in der Wissenschaft nicht selten. Hierbei handelt es sich um einen häufigen Fehler im Umgang mit Statistiken. Derzeit erleben wir denselben Unfug bei der Diskussion, ob das Rauchen der Mütter ADS der Kinder bewirke. Da Nikotin eine schwach lindernde Wirkung auf ADS hat, rauchen in der Tat viele der so veranlagten Schwangeren.

Wenn Sie das Schrifttum zu unserem Thema aufmerksam studieren, werden Sie Ursache und Wirkung oft vertauscht sehen.

Erstaunlicherweise ist niemand auf den Gedanken gekommen, dass das »dysfunktionierende« Gehirn dieser Menschen für eine andere Umgebung konzipiert sein könnte, wo es zu Höchstleistungen fähig wäre. Ein Rennwagen vor dem Pflug ist als Ackergerät auch dysfunktional. Wir Menschen sollen schon als Kinder – und wehe wenn nicht! – unter den Bedingungen der Schule und der Reizüberflutung funktionieren, um später im Büro ackern zu können. All diese Einrichtungen stehen im Gegensatz zu unseren Erbanlagen. Sie haben keine erfolgreiche Geschichte über viele Hunderttausende von Jahren. Die »Minimal brain dysfunction«, das ADS, ist unter anderen Bedingungen ausgesprochen hilfreich. Als Krankheit kann es als Anpassungsstörung an die nicht »artgerechte Haltung« des modernen Menschen aufgefasst werden.

Der Computer als Hebamme der Krankheit ADS

Die Zeit vergeht, und mit ihr schreitet die Umwandlung zur Informationsgesellschaft voran. In den 80er Jahren des 20. Jahrhunderts Jahren können große Mengen von Daten beliebig statistisch verarbeitet werden. Statistik wird (weil sie nun einfacher zu betreiben ist) die wissenschaftliche Methode, die als allein selig machend angesehen wird. Dass man damit nur selten wirklich zu neuen Ideen kommt, wen stört das? Ursache und Wirkung ließe sich eher auswürfeln als statistisch klären. Einige beachtenswerte Gedanken zum Sinn und Unsinn moderner Statistik finden Sie bei Beck-Bornholdt und Dubben in »Der Hund, der Eier legt«. Die Forschung beginnt sich zusätzlich zu bürokratisieren.

Bezüglich des ADS hat das mehrere Folgen. Eine der Nischen, die Forschung, in der Menschen mit ihrer »minimal brain dysfunction« hatten glänzen können, verschließt sich für diese. Bürokratie und deren Betriebsstoff, die Ignoranz, ist Gift für sie.

Wenn etwas statistisch erfasst werden soll, muss es einfach zu findende Merkmale haben und klassifizierbar sein. Kurzerhand hat man zwei Merkmale der »minimal brain dysfunction« ausgesucht, die sich aufdrängen, ganz egal ob sie wirklich den Kern der Sache treffen oder (wie in diesem Fall) nicht. Der Begriff des Aufmerksamkeitsdefizit- (mit oder ohne Hyperaktivität-) Syndroms wurde geboren. Das neu getaufte Kind wurde in das »Geburtsregister« in Form einer medizinischen Klassifikation eingetragen. Das DSM (Diagnostic and Statistcal Manual of Mental Disorders, eine Klassifikation von psychiatrischen Erkrankungen) bot die passende Schublade.

Nun sind wir nicht mehr bei einer »Unart« (Zappelphillip) oder einer »Bereitschaft« krank zu werden (neuropathische Konstitution), nein, wir sind bei *»Mental Disorders«,* also Geisteskrankheiten angelangt! Die Maßstäbe jedoch sind die gleichen wie im

Jahr 1846. Es wird nur gefragt: Wo passt sich das Kind nicht in unsere verschulte gutbürgerliche Gesellschaft ein? Die Wissenschaftler sind eben in der Tradition der Bürger des Biedermeier aufgewachsen. Mittlerweile ist die gesamte Gesellschaft bis weit in die Arbeiterschaft verbürgerlicht. Gesellschaftliche Regeln und die Ansicht, dass sie gottgegeben seien, werden sehr zuverlässig über Generationen weitergegeben; schließlich sichern sie die Position in der Gesellschaft. Verhaltensbiologie, Sozialgeschichte und Medizingeschichte zusammenzuführen bringt doch immer wieder überraschende Einsichten!

Immer noch steckt unser Baby ADS in den Kinderschuhen, es gilt als Kinderkrankheit. »Ja, das wächst sich mit der Pubertät aus«, so sagen die Kinderärzte. Noch ist auch die zweite industrielle Revolution jung. Die Lebensbedingungen ändern sich weiter. Die Lohnkosten steigen, der Faktor Arbeit wird immer teurer. Für die tägliche Arbeit bedeutet das: Die Pausenzeiten werden verkürzt. Auszeiten sind nicht mehr vorgesehen. Die Arbeitsabläufe werden so weit rationalisiert, dass kleine Flüchtigkeitsfehler fatale Folgen nach sich ziehen. Vorschriften ersetzen weitgehend die Eigeninitiative. Die Regelungswut des Gesetzgebers zwängt Unternehmen und den Einzelnen in ein immer engeres Korsett. Die Familien und Freundschaftskreise geraten immer mehr unter Druck. Wer müde von der Arbeit kommt, findet danach keine Geborgenheit. Mobbing wird in vielen Firmen zum Führungsprinzip. Bei all dem soll der Mensch zuverlässig funktionieren wie ein Computer.

Nun gibt es Menschen, die sind nicht zuverlässig wie ein Computer, können aber genau das, was in einer solchen Umwelt so dringend fehlt: kritisch nachfragen, kreative Lösungen finden, sich voll und ganz für eine gute Sache einsetzen. Diese Menschen werden den anderen schnell unheimlich; Angst und Neid gehen Hand in Hand. Sie werden ausgegrenzt und sind bevorzugte Mobbingopfer. Außerdem benötigen sie nach den beängstigenden Höchstleistungen Pausenzeiten. Diese werden ihnen mittlerweile verwehrt. Zu allem Überfluss neigen sie zu Flüchtigkeitsfehlern. Diese Fehler kann ein Chef erheblich besser messen als die guten Leistungen. Zum

Fehlermessen ist ein Computer wie geschaffen: Dumm, wie er ist, kann er mit kreativen Lösungen und Krisenmanagement, den Stärken der ADSler, nichts anfangen. Wenn dann wegen häufiger Fehler die Abstrafung aus der Abteilungsleitung kommt, reagiert der Gemaßregelte mit impulsivem Aufbegehren. Fortan prüft der Vorgesetzte noch genauer…

Etwa ein Zehntel der Bevölkerung hat als Erwachsener die hier beschriebenen Probleme und verfügt zudem über ein überschießendes Gefühlsleben. »Ein Zehntel« ist eine grobe Schätzung, die ich treffe, nachdem ich meine Umgebung in Vereinen und Berufsleben »sondiert« habe.

Cordula Neuhaus, Diplompsychologin, Heilpädagogin und Kinderpsychologin, derzeit in Deutschland die unumstrittene Autorität in Sachen ADS, kommt zu einer ähnlichen Schätzung. Cordula Neuhaus arbeitet seit Jahren erfolgreich mit hyperaktiven Kindern. In Materialien, die sie in einem Ausbildungsseminar zur Elterntrainerin nutzt, wird diese Schätzung nach intensiver Würdigung des Zahlenmaterials in gleicher Höhe vorgenommen. Das statistische Material weist eine Spanne von 2% bis 21% auf. Bei 2% wurden nur die stark hyperaktiven männlichen Kinder gesehen und von ihnen auf das Vorhandensein in der Gesamtbevölkerung geschlossen. Bei 21% wurde ADS munter als nette Wesenseigenschaft aufgefasst. Die Wahrheit dürfte in der Mitte liegen. Von dem etwa einen Zehntel der Bevölkerung mit ADS ist etwa die Hälfte dauernd oder zeitweise krank. Dieses Zwanzigstel mit krank machenden Problemen entspricht tatsächlich den aktuellen Statistiken. Bei vielen hat es aber keinen Krankheitswert!

Ein Wort zu den angeborenen heftigen Emotionen! Leider handelt es sich unter aktuellen Bedingungen meistens um negative Empfindungen. Wenn Sie sich diese Menschen genau anschauen, hatten sie als Kinder alle eine »neuropathische Konstitution« oder einen »moral defect« (ein offen diffamierender Ausdruck, 1902 vom Kinderarzt Frederick Still erfunden), kurz: Sie litten unter dem ADS.

In den 90er Jahren des 20. Jahrhunderts finden einige amerikanische Ärzte heraus: »Ich hatte als Kind eine minimale Brain Dysfunction, bin aber heute noch genauso!« Gleichzeitig dekompensieren immer häufiger Erwachsene, denen es ebenso geht. Das ist kein Wunder, ist doch mittlerweile die gesamte Gesellschaft verschult. Edward Hallowell und John Ratey (siehe Literaturverzeichnis) schreiben nun das erste Buch über ADS bei Erwachsenen. Nun erst wird auch klar, dass es sich um ein erbliches Geschehen handelt. Mittlerweile sind zwei Dutzend Genorte bekannt, die beteiligt sein können.

Was ist bei diesen Menschen anders als bei der Mehrheit der Bevölkerung? Ein Teil ihres Gehirns funktioniert anders. Es ist die Funktion des *dopaminergen Systems* gestört. Dieses ist für die Dämpfung und Sortierung von Emotionen, Sinneseindrücken und Handlungsplanungen wichtig. Diese Störung ist unter bestimmten Bedingungen von Vorteil, unter anderen fatal: Denn den damit befassten Fachleuten wird immer deutlicher, dass die Betroffenen selbst am meisten unter ihrer Impulsivität und ihren heftigen Gefühlsschwankungen leiden. Diese Komponenten finden dann auch im neueren Schrifttum und den daraus resultierenden Klassifikationen Ausdruck.

In einer Kurzbeschreibung des ADS, auf die Sie möglicherweise warten, kommt nur unvollständig zum Ausdruck, wie und was ADS wirklich ist. Ich werde versuchen, mich dem langsam auf den nächsten Seiten anzunähern, und dabei werden sich viele Fragen klären. Vollständige Antworten kann und will ich Ihnen aber nicht geben. Wir alle wissen noch zu wenig.

Was ist ADS?

Liebe Leserin, lieber Leser, das ist eine Frage, die ich umso weniger kurz und knapp zu beantworten weiß, je mehr ich mich damit beschäftige. All die trockenen Diagnosekriterien, mit denen Ärzte versuchen, dem ADS auf die Spur zu kommen, lesen Sie besser an anderer Stelle nach. Diese Versuche bedeuten ohnehin nur einen Behelf. Ich werde mich dem ADS durch die Beantwortung solcher Fragen annähern, die Sie mir stellen könnten. An anderer Stelle werde ich auf einzelne Aspekte dieser Fragen ausführlicher eingehen.

Wer bekommt ADS?

Diese Frage führt aufs Glatteis. Niemand bekommt ADS! Wenn, dann hat man es. So wie man blaue oder braune Augen oder blondes Haar hat. ADS ist eine Erbanlage, die bereits da ist, in dem Moment, in dem das Leben beginnt. Weil das so ist, empfiehlt es sich, dieselben Gesetze anzuwenden wie in der Vererbungslehre insgesamt. Sie erinnern sich doch sicher an den Biologieunterricht und die Geschichten um den alten Augustinermönch namens Mendel mit den bunten Blüten. Das hat Folgen, von denen ich einige kurz streifen werde.

Viele Gene – viele Varianten

An ADS sind mehrere Gene beteiligt, man schätzt etwa zwei Dutzend. Alle haben sie mit dem Dopaminstoffwechsel zu tun. Dopamin ist ein Überträgerstoff im Gehirn. Wenn das mit diesem Betriebstoff »laufende« System zu den vorderen Hirnanteilen nicht auf Touren kommt, hat das Folgen:

- mangelndes Sortieren von Sinneseindrücken
- unzureichende Feinsteuerung von Emotionen und Körperbewegungen (hier besteht eine Verwandtschaft zur Parkinson'schen Erkrankung, die auch mit dem Dopamin zu tun hat)
- mangelnde Feinsteuerung der Aufmerksamkeit nach dem Motto »alles oder nichts«
- erhöhte Impulsivität
- erhöhte Erschöpfbarkeit.

Die Versuche des Gehirns, mit diesem Manko fertig zu werden, führen häufig zu schöpferischen oder körperlichen Höchstleistungen. Bedeutende Entdecker, Erfinder und Künstler haben oft ADS.

Weil so viele Gene beteiligt sind, äußert sich ADS bei den Betroffenen recht unterschiedlich. Wenn wir von nur zwei Dutzend mitwirkender Veranlagungen ausgehen, sind viele Kombinationen möglich, rein rechnerisch: 24 x 24 = 576. Die von Mensch zu Mensch unterschiedlichen Strukturen der darüber hinaus die Psyche formenden Funktionssysteme des Gehirns sind dabei noch nicht mitgerechnet. Es ist daher unmöglich, für alle ADSler einheitliche Maßstäbe anzulegen. Kompliziert wird die Sache zusätzlich dadurch, dass die Lebensgeschichte, die Hormone und der körperliche Gesundheitszustand auch ein Wort mitzureden haben.

Innerhalb einer Familie finden Sie logischerweise oft ähnliche Ausprägungen. Der Apfel fällt nicht weit vom Stamm. Besonders heftig kann es werden, wenn Vater und Mutter ein mildes ADS haben, wie so oft der Fall. Ein Kind bekommt dann gelegentlich im Lotteriespiel der Gene von beiden Seiten die volle Ladung und hat statt der geringen Schwäche des dopaminergen Systems seiner Eltern ein fast komplett versagendes. Die Geschwister können mit etwas Glück nur kaum merklich betroffen sein.

Schau auf die Vorfahren!

Wenn ADS vererbt ist, sollte man, wie bei anderen Erbkrankheiten, im Familienstammbaum suchen. Für mich ist deshalb nach dem Abfragen der Probleme dies die zweite Frage: »Wer in der Familie ist dir ähnlich?« Häufig sind es beide Eltern. Gelegentlich gelingt es, ADS ohne Mühe über mehrere Generationen zu verfolgen. Wertvoll dabei ist nicht nur, dass die Diagnose auf diese Weise sicher wird (durch keine Methode sicherer als durch diese!). Wichtiger noch ist, dass eine Möglichkeit besteht, von den Vorfahren zu lernen. Mit welchen Tricks haben sie trotz (nicht selten gerade wegen dieser Eigenschaft) überlebt? Im großen Stil betrieben kann man ganze Bevölkerungen untersuchen und glaubhaft machen, dass etwa bei den Nachfahren der Hunnen in Ungarn ADS gehäuft auftritt (vgl. Cordula Neuhaus).

Immer gleich und immer anders

Eine angeborene Variante in einem wichtigen Funktionssystem des Gehirns zeigt sich daran, dass sie in jedem Lebensalter bemerkbar ist. Genau das ist bei ADS der Fall – und neben dem Stammbaum ein wichtiger Baustein der Diagnose. Mit der fortschreitenden Hirnreifung kristallisiert sich ADS binnen der ersten drei Lebensjahre sichtbar heraus. Zum Problem wird ADS dann meistens erst in der dritten Klasse, oft aber schon im Kindergarten. Wachsende Kompensationsmöglichkeiten und ein veränderter Hormonstatus ändern das Erscheinungsbild in der Pubertät. Bei Frauen geschieht das oft noch einmal um das 25. Lebensjahr herum. Mit nachlassenden geistigen und körperlichen Kräften kommt es im Greisenalter zu einem erneuten Gestaltwechsel. Mancher verwirrte störrische und von Unrast gequälte alte Mensch könnte mit Medikamenten auf ADS behandelt noch gut allein leben. Vergessen wir nicht: ADS ist häufig! Ein Zehntel der alten Menschen dürfte ein Problem damit haben!

Es scheint zu kommen und zu gehen

Ein scheinbarer Widerspruch zu den oben genannten Tatsachen besteht darin, dass ADS bei vielen Menschen immer wieder stark zum Vorschein kommt, um zwischenzeitlich fast zu verschwinden. Das liegt nicht nur am Lebensalter. Wenn Sie sich vor Augen führen, dass ADS zu einer erhöhten Erschöpfbarkeit führt und Erschöpfung auch beim normalen Menschen zeitweise dieselben Erscheinungen wie ADS zeigt, werden Sie es verstehen. Erschöpfung führt zu einer Verstärkung des ADS. Der Versuch dagegenzuhalten, ermüdet umso mehr. Auf einmal befindet sich der Betroffene in einem Teufelskreis. Es gibt keinen Ausweg. Erst nach einem Zusammenbruch mit einer Erschöpfungsdepression oder schweren körperlichen Beschwerden ist ein Neuanfang möglich. »Depression« ist dann nicht Krankheit, sondern das Mittel zur Heilung. Wenn man diesen Mechanismus kennt, ist es gelegentlich möglich, ihm vorzubeugen. Hier ist eine wichtige gemeinsame Aufgabe von Selbsthilfegruppe, Arzt und Therapeut zu sehen.

ADS ist dynamisch. ADS muss dynamisch sein, weil das System defekt ist, das für Ruhe und Ordnung sorgt. Wenn ein Zustand jeden Tag gleich ist, wird es vermutlich kein ADS sein. Die Frage nach Schwankungen der Stimmung und Arbeitsfähigkeit über die letzten Wochen und im Tagesverlauf ist wichtig für die Diagnose! Leider ist die Erinnerungsfähigkeit schon über kurze Zeiträume gestört. Die Selbsteinschätzung liegt bei den Betroffenen ebenfalls im Argen. Meistens geben nur der Partner oder ein Freund, oft auch die Eltern, eine brauchbare Auskunft.

Was ist mit den Emotionen?

Je länger Sie sich mit dem Thema beschäftigen, desto stärker werden Sie das sonderbare Gefühlsleben der Menschen mit ADS wahrnehmen. »Himmelhoch jauchzend oder zu Tode betrübt« ist die Grundmelodie. Für Außenstehende nicht begreifbar ist, dass Stimmungsschwankungen aus nichtigem Anlass, oft sogar ohne Anlass die Regel sind. Noch schwerer zu begreifen ist, dass die Umschwünge schnell, häufig und scheinbar grundlos erfolgen. Auf der anderen Seite gibt es kaum normale kleine Reaktionen auf die banalen Anlässe des täglichen Miteinanders. Ein *bisschen* Ärger, eine *kleine* Freude sind selten: Heftige Gefühle oder keine!

Die Auslöser für eine Gemütsreaktion sind kaum vorhersehbar. Oder um es vornehm zu sagen: Die Modulationsfähigkeit ist unterentwickelt. Kalte Abwesenheit von Empfindungen oder die brennende Hitze verzehrender Gefühle, das ist das tägliche Erleben eines Menschen mit ADS. Sie können sich sicher vorstellen, wie aufreibend jeder einzelne Tag für Menschen mit einem solchen Nervenkostüm ist. Extreme Empfindsamkeit und Feingefühl im Gespräch zeigen diese Menschen häufig. Das ist zugleich ein Talent wie ein Fluch. Auch häufig (und eine logische Folge) ist das Denken in Schwarz und Weiß. Auch die Meinungsäußerungen sind entsprechend. Polemische Sprüche sind oft das erste sichtbare Zeugnis eines ADS.

Was ist mit der Aufmerksamkeit?

Die Antwort ergibt sich wie von selbst aus dem letzten Abschnitt. Wenn Sie ein emotionaler Mensch nach dem beschriebenen Strickmuster wären, wie sähe dann Ihre Aufmerksamkeit aus? Wenn sich keinerlei Schwingung eines Gefühls auftut, werden Sie unaufmerksam sein. In unserem Gehirn sind Emotionen, Gedächtnis und Aufmerksamkeit eng verknüpft. Hier liegt eine der möglichen Erklärungen für den geringen »Arbeitsspeicher« und das »selektive Langzeitgedächtnis« der Menschen mit ADS. Wenn Sie eine heftige Emotion namens »Begeisterung« haben, werden Sie allerdings (versetzen Sie sich in Lage eines solchen Menschen!) aufmerksamer sein können als jeder andere. Viele dieser Menschen sind zeitlebens nicht in der Lage, ohne einen sie begeisternden Menschen zu lernen. Diese Personenbezogenheit ist Fluch und Segen zugleich.

Vor der Einführung der allgegenwärtigen Formulare lag in dieser Besonderheit eine wahre Stärke.

Unaufmerksamkeit bei den vielen langweiligen Betätigungen ist als echte Behinderung einzuschätzen. Das Finanzamt macht mir das jedes Jahr aufs Neue klar. Die wenigsten Leute mit ADS sind imstande den Steuerjahresausgleich leidlich fehlerfrei zu bewältigen. (Einen allerdings kenne ich, der hat sich dafür sogar begeistert und den Sachbearbeiter das Fürchten gelehrt.) Sehr hohe Konzentration, sobald es fesselnd wird, ist dagegen eine wertvolle Gabe, die Menschen mit ADS anderen voraushaben.

Wie ist solch ein Mensch »organisiert«?

Was denken Sie: Wie ist jemand organisiert, von heftigen Emotionen getrieben, oft unvorhersehbar völlig erschöpft, mit einem unzuverlässigen Kurzzeitgedächtnis und mit einem Langzeitgedächtnis, das keine Termine speichern kann, ohne Zeitgefühl? Lausig ist er organisiert!

Mit einem helfenden Partner und dem Erlernen eines strikten Regelwerks, an Uhr und Kalender gefesselt können einige das Manko wettmachen. Manche schaffen es nie. Anstrengend bleibt es immer. Das ständige Üben von etwas, was anderen Menschen in Fleisch und Blut liegt, kann paradoxerweise zu organisatorischen Höchstleistungen als Projektmanager beflügeln. Überkompensation nennt man das. Ein solcher Mensch bleibt aber dennoch in Teilbereichen ein Chaot. Zum Beispiel ist er im Beruf perfekt, zu Hause aber …

Was bedeutet Kreativität?

Immer wieder habe ich mit herablassendem Unterton gehört: Wenigstens kreativ sind sie, diese Chaoten. Kreativität, neue Lösungen, interessante Ansätze sind die treibenden Federn in Wissenschaft, Kunst und Technik. Ich würde nicht so geringschätzig sein!

Ohne diese Eigenschaft säßen wir noch auf den Bäumen und hätten ganz andere Sorgen als die, Bücher zu schreiben oder zu lesen. Alle Definitionen, die den Unterschied zwischen Mensch und Tier beschreiben, lassen sich zuletzt auf die Kreativität, die Spiel- und Schaffenslust zurückführen. In Latein gegossen klingt das so: »Homo ludens«. Wollten Sie es auf die Spitze treiben, so könnten Sie sagen: »ADS machte aus dem Affen einen Menschen.« Unsere gesamte Zivilisation ruht auf den Schultern von Generationen von Kreativen, allzu oft Menschen mit ADS! Bei der Betätigung des Lichtschalters denken Sie ruhig einmal an Edison (was hatte der? ADS!).

Woher kommt die Kreativität. Zuerst einmal ist sie in der Denkstruktur eines solchen Menschen begründet. Wenn wegen der mangelhaften Funktion des dopaminergen Systems allerlei Gedanken durcheinander wirbeln, so werden sich gelegentlich welche finden, die normalerweise nicht zusammengehören, aber doch zusammenpassen. Schon ist etwas Neues entstanden! Menschen mit ADS haben ein unstillbares Bedürfnis nach immer neuen Anregungen. Das ist ein weiterer Motor der Kreativität. Diese Eigenschaft wird ständig geübt, um die täglichen Herausforderungen zu meistern. Davon gibt es genug! Für einen schlecht organisierten Menschen gibt es keine Standardsituationen. Gehen Sie probehalber einmal in der Nachbarstadt aus und lassen Sie Schlüsselbund, Handy und Geld zu Hause. Bestellen, essen und trinken Sie im Restaurant und tun so, als bemerkten Sie erst jetzt, dass Sie alles vergessen haben. Peinlich ist das auch, aber Sie werden nun einige kreative Stunden haben, bis Sie in einem Bett liegen. Mannigfache kleine Katastrophen sind Alltag für einen ADSler. Bei den echten, großen Katastrophen haben diese dann häufig als Einzige die richtigen, weil ebenso kreativen wie pragmatischen Rezepte.

Was heißt »Reifungsverzögerung«?

Wenn Sie in der überreichlich vorhandenen Literatur über ADS im Kindesalter herumstöbern, finden Sie immer wieder den Hinweis, diese Kinder seien in ihrer »psychosozialen Entwicklung« zurück. Das stimmt, keine Frage. Verspieltheit und andere kindliche Verhaltensweisen bleiben lange sichtbar. Impulsiv zu sein, spontan zu sein, spielerisch mit Aufgabenstellungen aller Art umzugehen, unvoreingenommene Zugewandtheit und Emotionalität machen den ADSler auch im Erwachsenenalter aus, es sei denn, er hat durch ständige Ausgrenzung Schaden genommen. Die schlechtesten Menschen sind das nicht, die mit ihrer lausbubenhaften Ausstrahlung bezaubern. Sie werden diesen Menschen wirklich gerecht, wenn Sie sie als große Kinder behandeln; Spaß zusammen haben, mitlachen, mitweinen. Ab und zu ein deutliches Wort (ich meine sehr deutlich, auch unhöflich), und Sie werden gut mit ihnen klarkommen.

Einige der Wesensmerkmale machen diesen sympathisch jung bleibenden Menschen aber schwer zu schaffen. Wie Kindern im Vor- und Grundschulalter fehlt ihnen weitgehend das Gefühl für sich selbst, für die eigenen Gefühle und Stärken sowie Schwächen. Viele lernen es nie, auch nur die eigene Emotionslage richtig zu benennen, nicht weil die Worte fehlen, sondern weil sie diese nicht unterscheiden können. Wut, Trauer, Angst, freudige Aufregung, im Extremfall sogar Schmerz, Hunger und Durst – alles scheint eins. Logischerweise führt das zu Problemen im Kontakt mit anderen Menschen und einer Fülle von Fehlentscheidungen.

Irgendwann sind viele der ADSler so frustriert, dass sie nichts mehr entscheiden wollen, fast wie gelähmt. Besser wird das erst mit ein oder zwei Jahrzehnten Verspätung nach der sonst üblichen Reife am Ende der Pubertät. Das entsprechende Alter von 35 Jahren war in antiken griechischen Stadtstaaten nötig, um wählen zu dürfen! Wir Menschen haben uns in den letzten 2000 Jahren offenbar nicht nennenswert verändert. Wenn genügend Intelligenz vorhanden ist, gelingt es oft, die Umgebung darüber hinwegzutäuschen, leider nicht nur die Umgebung, auch sich selbst. Erschwerend kommt hinzu, dass diese Unreife fast alle Hilfsangebote, seien es gute Ratschläge von Freunden oder Psychotherapien, scheitern lässt. Andere Menschen glauben ganz selbstverständlich, ein Mensch müsse wissen und benennen können, was er fühlt.

»Fehlendes Zeitgefühl« ist nach der »Gefühlsblindheit« das zweite Stichwort. Zeit ist für Menschen mit ADS nicht existent. Sie kennen stattdessen drei ganz anders geartete Zustände: die oft mit Unrast einhergehende quälende Langeweile, den Schlaf der Erschöpfung und die intensive Beschäftigung. Zeit gibt es nicht, es sei denn als erlernte Vokabel. Kein Gestern, kein Heute, schon gar kein Morgen, keine Stunden oder Minuten! Für viele ist das unvorstellbar, aber diese Menschen leben wie Vorschulkinder nur im Hier und Jetzt. Wenn Sie einen Partner mit ADS haben sollten, werden Sie sich oft darüber geärgert haben, dass er über einer Beschäftigung regelmäßig die Zeit vergisst. Mancher gemeinsame Abend wird dadurch ins Wasser gefallen sein. Mit einem Gehirn, dem die Vorstellung der »Zeit« ewig fremd bleibt, im Zeitalter der Uhren und Kalender, der Stundenpläne und Termine zu leben, führt zu häufigen Bruchlandungen. Nur mit viel Disziplin und einigem Improvisationsvermögen gelingt es, diese Klippe zumindest zeitweilig zu meistern. Kein Wunder übrigens, dass einer dieser zeitlosen Menschen versucht hat dieses Mysterium wenigstens theoretisch zu lösen. Die Relativitätstheorie ist das tröstliche Ergebnis.

»Intelligenz« ist in den gerade genannten Fallstricken des Kindbleibens und der Unaufmerksamkeit eine wirkungsvolle Waffe. Sie wird, ebenso wie die Kreativität, in der Bewältigung für andere Menschen banaler Alltagssituationen geschult. So kenne ich denn auffallend viele hochintelligente ADSler. Als Kind wirken sie altklug, als Erwachsene oft unangenehm professoral. Es ist seltsam: Übererwachsen-Sein liegt in derselben Person unvermittelt neben dem Kind-Sein. Vom einen viel zu viel, vom andern viel zu wenig, es fehlt die Mitte. Diese Mischung ist auch für die Umgebung anstrengend und oft genug beängstigend.

Ist ADS eine Krankheit?

Wenn Sie in dem aktuellen medizinischen Schrifttum nachschauen, ist die Antwort eindeutig: Ja! Wenn Sie sich anschauen, wer vermutlich ADS hat oder hatte; fällt sie sicher anders aus: Winston Churchill, Kaiserin Sissi, Wilhelm II., Wolfgang Amadeus Mozart, Hermann Hesse, Bill Gates, Thomas Alva Edison, Albert Einstein, Leonardo da Vinci und viele andere mehr. Lesen Sie einige dieser Biographien und beurteilen Sie anschließend, ob »es« eine Krankheit ist. Soviel steht fest: All diese Leute stehen außerhalb der Normen ihrer Zeit. Wenn es also bereits krankhaft ist, anders zu sein als die Masse, ja – dann ist ADS eine Krankheit.

Macht ADS krank?

Ja! Wer anders ist, wird von der Umgebung schnell ausgegrenzt. Das macht ein soziales Wesen wie einen Menschen erst unglücklich, dann krank. Das ist allemal bei einer hochsensiblen Person der Fall. Wenn wir die starke und ständige Anspannung durch die ständig wechselnden heftigen Gefühle und die Unfähigkeit zu echter Entspannung sehen, so müssen wir mit einer chronischen Überlastung rechnen. Körperliche und seelische »Stresserkrankungen« sind dementsprechend häufig und jenseits des 40. Lebensjahrs die Regel. Durch Schaffen einer Umgebung, die dem ADS des Betroffenen gerecht wird, lassen sich Stresserkrankungen normalerweise besser beeinflussen als durch die moderne Medizin. Einige der spektakulären Heilerfolge der alternativen Medizin lassen sich auf diese Weise erklären. Dazu trägt bei, dass viele dieser Leidenden sehr beeinflussbar sind. Die Schattenseite ist, dass davon auch »Seelenverkäufer« wie manche Sekten profitieren.

Kann man ADS heilen?

Nein! Ein angeborenes Wesensmerkmal kann man nicht »wegbekommen«, so viel oder wenig wie die Augenfarbe. Das ADS bleibt von der Wiege bis zur Bahre.

Kann man ADS lindern?

Ja! Die quälenden Gefühlsschwankungen können zeitweise gut durch Medikamente beeinflusst werden. Aufputschmittel können diese Menschen paradoxerweise sogar zu echter Entspannung kommen lassen. Soziales Lernen und ein Einpassen in eine Sozialstruktur, egal ob Klassenverband oder Betrieb, wird dadurch auch erleichtert. Als günstiger Nebeneffekt verbessern die Medikamente auch die Konzentration. Mancher Folgeschaden kann verhindert werden. Das nennt man eine »Substitution«, also ein Ersetzen eines fehlenden körpereigenen Stoffes. Bei Zuckerkranken macht man das mit Insulin. Auch manche Antidepressiva, selbst Herzmedikamente, die »Betablocker« können helfen. Bei Antidepressiva ist der Preis jedoch hoch, sie »heilen« auch von der Kreativität. Für Künstler, die ja häufig ADS haben, kann das fatal sein.

2. Was ist bei ADS anders?

Im zweiten Kapitel wird beschrieben, warum und wie dieses Buch entstand.

Menschen mit ADS, so wie ich selbst, bemerken in ihren Kontakten zu Psychologen und Psychotherapeuten, dass diese dem Phänomen ADS oft hilflos gegenüberstehen. Weder sind sie, trotz intensiven Bemühens, in der Lage, die seelische Situation ihres Patienten einzuschätzen, noch ihm zu helfen. Seit Sigmund Freud, der an der Wende vom 19. zum 20. Jahrhundert wirkte, haben wir eine moderne Psychiatrie. Aber erst hundert Jahre später, also jetzt, beginnt die Fachwelt, sich qualifiziert mit dem Thema zu beschäftigen. Warum?

Die Lebensbedingungen in den letzten Jahrzehnten haben sich verändert. Wir sprachen davon. Dadurch wurde eine zuvor nebensächliche Eigenschaft zu einer schweren Behinderung. In der Folge kommt es zur Erkrankung von ADS-Trägern. Jetzt rückt das Problem ins Blickfeld der Ärzte. Tatsächlich ist genau dieser Zusammenhang der Grund für den derzeitigen ADS-Boom. Eine Erklärung für das bisherige Versagen der Medizin ist es nicht. Biographien aus den letzten Jahrhunderten zeigen, dass es immer schon Menschen gegeben hat, deren ADS Krankheitswert hatte.

Ob früher der richtige Blick fehlte?

Es könnte sein, dass die »Seelenärzte« nicht richtig hingeschaut haben. Die Psychiatrie hat es nicht leicht gehabt. Sie musste eine ganz neue Sicht auf den Menschen finden. Der moralisierende Blick auf den Menschen, wie er im 19. Jahrhundert üblich gewesen ist, war nicht zu gebrauchen. Die mechanische Sichtweise der Chirurgen war ebenfalls untauglich. Die Ärzte für innere Medizin haben dann die Wurzel des Stammbaums der Seelenärzte gebildet. Noch heute sind beide Disziplinen im Denken und Fühlen verwandt. Beide misstrauen dem Offensichtlichen. Sie sind zu oft genarrt worden. Beide vergessen vor lauter Philosophieren gern das Handeln. Das Arbeiten mit mehr oder weniger gut begründeten Theorien wie der Psychoanalyse war eine notwendige Krücke, ohne die die Psychiatrie nie laufen gelernt hätte. Philosophie und Medizin haben zueinander gefunden.

Heutigentags ist eine neue Generation von Internisten und Psychiatern herangewachsen. Diese verfügen über eine naturwissenschaftliche Denkweise, gepaart mit chirurgischem zupackendem Naturell. Die Pioniere haben ihnen das Vokabular geliefert, hintergründige psychische Prozesse zu beschreiben. Neue biologische Methoden aus dem Labor und der Verhaltensforschung haben den Blick auf den Menschen erweitert. Diese neuen Ärzte haben im Wesentlichen das Werkzeug, sich mit dem ADS zu beschäftigen. Aus diesem Grund kommt das Thema auch auf die Tagesordnung. ADS ist noch ein Pioniergebiet. Kein Wunder, wenn Sie in diesem Buch verfolgen können, wie aus einzelnen, auf den ersten Blick nicht zusammenhängenden Beobachtungen ein System entsteht. Ziel ist, mit ADS verbundene Phänomene besser einordnen zu können. Hier folge ich notwendigerweise dem Verfahren der frühen Nervenärzte.

Was ist eine geeignete Lupe?

Ärzte schauen traditionell von außen auf ihre Patienten. Es weiß keiner wirklich, was in einem Bauch oder einem Brustkorb vorgeht. Wegen eines Hustens wird der Mensch nicht aufgeschnitten! Es weiß auch keiner, was hinter einer Stirn los ist. Das bekäme man nicht einmal mit Aufschneiden und Nachschauen heraus. Nun ist es aber so, dass bei ADS Gedanken, Gefühle und Handlungen nicht immer das widerspiegeln, was üblicherweise dahinter steht. Das Beobachtungsinventar der klassischen Psychiatrie ist nicht dazu entwickelt, damit umzugehen. Dieses ist der wichtigste Grund des Versagens bei ADS über 100 Jahre moderner und eigentlich guter Psychiatrie.

Bei ADS ist es sinnvoll, unvoreingenommen »von innen zu schauen«. Das ist unmodern, nicht naturwissenschaftlich und liefert dennoch gute Ergebnisse. Voraussetzung ist, dass diese immer wieder am derzeitigen Stand des Wissens überprüft werden.

Von innen schauen, wie soll das gehen? Da ich ADS im Vollbild habe, muss ich nur in mich hineinschauen. Das ist für mich quälend, aber eine Voraussetzung dafür, dass mein Wesen ruhig und bedächtig ist. Es steht im genauen Gegensatz zu dem unsteten, umtreibenden ADS. Dieser Widerspruch zerreißt mich zwar, aber schärft, aus der Not heraus, den Blick für das Wesentliche. Erleichternd kommt hinzu, dass ich in vielen Jahren medizinischer Praxis das Beobachten täglich geübt habe.

Alle gewonnenen Erkenntnisse sind wertlos, wenn sie nicht überprüft werden. Bei den beobachteten Verhaltensweisen könnte es sich ja um persönliche Marotten handeln. Der wichtigste Weg der Ergebniskontrolle besteht darin, eine Vielzahl von Menschen mit ADS zu kennen, zu befragen und zu beobachten. Ärzte sehen ihre Patienten in einer eng definierten Situation. Im privaten Kontakt kann ich viel mehr erfahren. Wenn man das mit der ärztlichen Technik der Befragung, der Anamnese, kombiniert, komme ich gelegentlich zu erstaunlichen Ergebnissen. Die Tätigkeit in der Selbsthilfegruppe ist außerdem hilfreich.

ADSler wechseln oft entnervt den Therapeuten. Ihm versperren sie damit die Sicht auf den langfristigen Therapieverlauf. Die Folge ist, dass diesem eine Möglichkeit zur Selbstkritik verwehrt wird. Damit wird gleichzeitig verständlich, warum es so lange gedauert hat, bis es zu einer Auseinandersetzung mit diesem Thema gekommen ist. Den Unstimmigkeiten, die nicht bemerkt werden, wird keiner nachgehen. Übrigens ist es für mich immer wieder erstaunlich, wie unterschiedlich Menschen mit ADS sind: In dem, was sie tun und sagen, in ihren Vorlieben und Abneigungen, sind sie bunt schillernde Vögel. Gleichzeitig sind sie durch die Brille von ADS betrachtet sehr uniform. Die Behinderung ist viel prägender, als es auf den ersten Blick erscheint. Diese Tatsache erleichtert mir die Arbeit sehr. Für alle der im Folgenden aufgeführten Behauptungen habe ich jeweils einige, meistens sogar viele Gesichter vor Augen.

ADS entzieht sich den Ärzten, weniger den Biographen

Ärzte sehen ihre Patienten nur in einer kurzen Lebensphase. Die Hausärzte, bei denen das anders ist, haben keine Zeit, ihr Wissen zu verbreiten. Viel Wissen um die Gesamtheit der mit ADS behafteten Menschen bleibt daher im Dunkeln. Das gilt auch für den einzelnen Lebenslauf. Um die Diagnose ADS zu stellen, ist es nötig – so ist die allgemeine Überzeugung –, eine möglichst lange Zeitspanne zu überblicken. Wenn es zwischen »Heiler« und Patienten nur zu Kontakten über wenige Wochen und Monate kommt, bleibt das Phänomen ADS verborgen. Als Notbehelf bleibt die Befragung des Patienten zur Vergangenheit, um eine längere Zeitspanne zu betrachten. Das Unglück will es so, dass Menschen mit ADS sich an diese nur bruchstückhaft erinnern. Ihre Verwandten haben oft ebenfalls ADS und können nicht helfen. Häufig ist auch die ganze Familie zerstritten. Eine Befragung wird dann unmöglich.

Dass ein ganzes Spektrum an psychischen Besonderheiten lange nicht richtig eingeordnet werden konnte, ist auch eine direkte Folge dieser charakteristischen Eigenschaften des ADS. Nun wissen wir mittlerweile, dass es der Schlüssel zur Diagnose des ADS ist, die ganze Lebenszeit zu betrachten. Was liegt näher, als Biographien von Menschen mit ADS heranzuziehen? Bei berühmt gewordenen Menschen ist die Beschreibung des geschulten Biographen oft besser, als die meisten Eltern dies leisten könnten. Die bei Rowohlt erschienene Reihe »rororo-Biographie« legte Wert darauf, Wesensmerkmale der Beschriebenen herauszuarbeiten. Ich habe sie als Quelle verwendet. Nebenbei bietet die Betrachtung von Lebensläufen die Möglichkeit, das Phänomen ADS im jeweiligen zeitgeschichtlichen Kontext zu betrachten.

Auch eine »Krankheit« kann eine Gestalt haben

Angenommen, ADS hätte eine fest gefügte, typische Gestalt. Angenommen, nur deren Kleid, deren äußere Erscheinungsform würde mit schrägen Mustern Verwirrung stiften. Es müsste sich dann aber in den Beschreibungen gut beobachtender Dichter eindeutig diese Gestalt, griechisch »Idolon«, finden. Am aussichtsreichsten wäre eine Suche bei selbst betroffenen Dichtern und solchen aus einer Gesellschaft, die von ADS geprägt ist. Die bekannten Figuren wie »Der alte Petterson« von Sven Nordquist, »Donald Duck« von Carl Barks und »Calvin« aus der Feder von Bill Watterson bringen das in Bilder. Das gesamte Genre »Comic« steht dem Phänomen ADS nahe. Ein Buch wie »Der Steppenwolf« von Hermann Hesse liest sich wie eine Fallbeschreibung eines Erwachsenen mit ADS. »Michel aus Lönneberga« von Astrid Lindgren hatte schon im ländlichen Schweden zu Beginn des 20. Jahrhunderts Probleme, heute wäre er ein Fall für die Sonderschule. Auch »Tom Sawyer« von Mark Twain gehört in diese Reihe.

Wo finden Sie heute Menschen mit ADS?

Man kann an den Rändern unserer Gesellschaft überprüfen, ob Beobachtungen theoretischer und praktischer Art zu ADS zutreffen. Nichtsesshafte, Drogensüchtige, Gewalttäter, psychosomatisch Kranke, Frührentner stehen für das »üble Gesicht« des ADS. Schriftsteller, Genies, Erfinder, Ärzte, Adelige repräsentieren das andere. Bei ADS handelt sich um eine gemeinsame Eigenschaft der Verbrecher und Heiligen. Genie und Wahnsinn liegen hier ebenfalls nah beieinander. Das deckt sich durchaus mit meiner Lebenserfahrung. Mit psychosomatisch Kranken habe ich mich am Beispiel der Menschen mit Rückenschmerzen einige Jahre intensiv beschäftigt. Auch sonst sind sie mir als »diagnostisches Problem« ständig über den Weg gelaufen. Ärzte kenne ich in großer Zahl aus nächster Anschauung als Kollegen. In all diesen Gruppen ist jeweils ein weit überdurchschnittlich hoher Anteil Menschen mit ADS zu vermuten. Einige Künstler habe ich als ADS-typisch erlebt. Für Gewaltverbrecher auf der anderen Seite ist das sogar nachgewiesen.

Spezialisten haben viele Erkenntnisse gesammelt

Die medizinische Fachliteratur bildet das Fundament dieser Arbeit, auch wenn nicht immer im Einzelnen zitiert. Für das ADS im Kindes- und Jugendalter sind die Bücher von Cordula Neuhaus im deutschsprachigen Raum unübertroffen. Als Verständnishilfe ist die deutsche Übersetzung von »Driven to Distraction« von Edward Hallowell und John Ratey, als »Zwanghaft zerstreut« im Handel, mittlerweile ein Klassiker. »ADS im Erwachsenenalter« von Johanna Krause und Klaus-Henning Krause bringt als lupenreines Fachbuch den derzeitigen Stand der Forschung kurz und prägnant auf den Punkt. Immer wieder erfrischend war für mich auch das Gespräch mit dem einen oder anderen psychiatrisch oder psychotherapeutisch Tätigen. In solchen Unterhaltungen ist die Idee zu dieser Schrift gereift. Dem Verein »Juvemus« in Koblenz mit seinen vorzüglichen Kongressen verdanke ich viel Hintergrundwissen. In gleicher Weise habe ich vom Dachverband unserer Selbsthilfegruppe, dem Bundesverband Aufmerksamkeitsstörung/Hyperaktivität e.V., kurz BV-AH profitiert.

3. Wie denkt es sich mit ADS?

Im dritten Kapitel geht es darum, warum bei jemandem mit ADS so vieles durcheinander geht.

Ich werde Ihnen im Folgenden eine Theorie mit dem Brustton der Überzeugung präsentieren, als ob es die Wahrheit und nichts als die Wahrheit sei. So bin ich eben. Schwarz und weiß zu malen ist Teil der dialektisch arbeitenden Denkstruktur eines ADSlers: Gegensätze formulieren, um darüber Neues zu finden. Hier versuche ich, daraus eine Tugend zu machen. Nehmen Sie es als nützliches Spiel.

Was ist das, die Wahrheit? Tatsächlich handelt es sich um eine Anhäufung von Meinungen und Halbwissen. Sie haben sich schon mit ADS beschäftigt und verfügen naturgemäß also über mindestens ein Anschauungsmodell, hoffentlich über mehrere. Die folgende Theorie soll einen weiteren bisher wenig beachteten Ansatz liefern, um Ihren Blick zu schärfen. Tatsächlich ist es nicht möglich, mit einer einzelnen Hypothese auch nur einem Menschen mit ADS gerecht zu werden. Ich wäre zufrieden, wenn Sie nach dem Lesen dieses Buches bereit wären, in Ihrem Inneren eine Diskussion zwischen mehreren konkurrierenden Theorien durchzuführen.

So ein innerer Disput kann schmecken wie ein trockener Riesling von der Mosel – leicht, fruchtig und gleichzeitig etwas sauer. Aber halt! – was zum Teufel reitet mich? Geschmacksempfindungen mit Gedankenarbeit zu vermischen, da geht doch einiges durcheinander! Damit sind wir schon mitten im Thema.

Ihr Gehirn ist so etwas wie eine Behörde, deren Aufgabe es ist, all die Dinge, die von draußen hereinkommen, zu ordnen und zu sortieren. In diesem Fall keine Steuererklärungen oder Bauanträge, sondern Gerüche, Bilder, Geräusche usw. Es wird sortiert nach Wichtigkeit, um bei der Vielzahl einlaufender Eindrücke nur dann zu reagieren, wenn es nötig ist. Es wird sortiert nach Aufbewahrenswertem und Wegzuwerfendem, um die Aktenordner überschaubar zu halten. Archivfläche ist knapp. »Gedächtnis« würde ich das nennen, wenn ich es nur hätte.

Mitten im Amt sitzt eine zentrale Koordinierungsstelle mit Verbindungen in alle Büros. Funktioniert die Zentrale nicht, bricht ein heilloses Durcheinander aus. Vermutlich steht nun ein real existierender Betrieb vor Ihrem geistigen Auge. In einer Krankenhausabteilung ist diese Schaltstelle die Chefsekretärin. Im Gehirn ist es das so genannte dopaminerge System. Bei einem Menschen mit ADS ist dieses, um im Bild zu bleiben, hoffnungslos unterbesetzt. Man kann das sogar messen: Die Unterfunktion zeigt sich am deutlichsten in den so genannten Stammganglien. Diese finden Sie genau in der Mitte des Gehirns als eng mit einander verbundene Leitungsbündel und Rechenzentren, fachlich korrekt Ganglien genannt. Die Folge ist, dass Gedanken aus allen Ecken »durcheinander gehen«. Das gilt auch für Sinneseindrücke und Gefühle. Auch die Ablage in das Archiv funktioniert naturgemäß nicht. Ständig wird der Ordner gesucht, im dem steht, »wie wir das beim letzten Fall dieser Art behandelt haben«. In allen Büros herrscht helle Aufregung, zudem werden Überstunden in Massen nötig.

Zurück zum Menschen mit ADS. Die Überstunden allenthalben sorgen dafür, dass er so viele Auszeiten braucht: Er muss sich regenerieren. Die Fachleute nennen das *»verminderte Stresstoleranz«*. Abhängige Gehirnareale schaukeln sich auf, weil die dämpfende Funktion des dopaminergen Systems zu gering ist. Erschöpfung ist eine der Folgen. Das Erlernen von Körperbewegungen fällt schwer; das nennt man *»grob- oder feinmotorische Störungen«*. Das Lernen an sich ist mangels Aufmerksamkeit und chaotischer Abspeicherung erschwert. Einige Leute mit ADS sind nicht in der Lage, gewisse Fertigkeiten wie das fehlerlose Schreiben je zu lernen. Es kann auch das Rechnen oder die Orientierung im Raum sein. Solche Defizite werden *»Teilleistungsstörungen«* genannt. Selbst das Denken ist beeinträchtigt. Das Zusammenmischen von Gedanken, die nicht zusammengehören, ergibt gelegentlich ein neues gutes Ergebnis; das wird »Kreativität« genannt. Oft kommt aber nur Blödsinn dabei heraus.

Beratungsbüro McKinsey

Sie werden empfehlen, die Mitarbeiter der Koordinierungsstelle so zu motivieren, dass sie endlich aufhören, ständig mit dem Kopf auf dem Schreibtisch zu liegen und zu schlafen. Sollte das nicht funktionieren, muss ein Ziel herbei, damit wenigstens der gesamte Rest der Behörde an einem Strang zieht. Alle Mittel sind erlaubt. Wenn das Durcheinander anhält, kann man den ganzen Laden auflösen. Mangels Ersatzgehirn ist das keine Alternative. Manche Menschen mit ADS tun es dennoch. Die Fachleute nennen das »Suizid«. Eine mildere Form des Selbstmords ist das Betrinken bis zur Besinnungslosigkeit. Die Mechanismen zum Bündeln der auseinander laufenden, »defokussierenden« Hirnaktivitäten werden hier, nur damit das Kind einen Namen hat, »Refokussierung« getauft. Das Durcheinander selbst wird, weil als Wort so nett, Chaos heißen.

Gedankenkreiseln

Hier wird versucht, die wirren, auseinander strebenden Aktivitäten durch intensive Gedankenarbeit zu bündeln. Es handelt sich um die am weitesten verbreitete Variante der Refokussierung. ADSler können sich, je nach Lebensalter und Naturell verschieden, in die seltsamsten Gedankenkreise hineinbegeben. Weil das so zu abstrakt bleibt, nenne ich einige mir persönlich bekannte oder historisch belegte Beispiele.

- Der Zweijährige, der im Geiste Autos sortiert und ab drei Jahren anfangen wird, im Kopf zu rechnen, um dann bei Gleichungssystemen anzukommen, alles ohne Papier.
- Das Mädchen, das sich in die Traumwelt eines Romans eindenkt und von der Lehrerin dort kaum herauszubekommen ist.
- Der Musiker, der als Kind beginnt, im Kopf Melodien kreisen zu lassen, und später schneller komponiert, als er es aufschreiben kann (Wolfgang Amadeus Mozart).
- Der Physiker, der sich in mathematische und physikalische Zusammenhänge eindenkt und ganz nebenbei durch diese Refokussierungstechnik die Relativitätstheorie entwickelt (Albert Einstein).
- Der Schriftsteller, der als Resultat dieser Denktechnik anschaulich, aber auf hohem Reflexionsniveau schreibt (Hermann Hesse, Edgar Allan Poe).
- Der Künstler, der neben einer neuen Formensprache auch neue Maltechniken entwickelt und Ingenieursarbeit leistet (Leonardo da Vinci).

All diesen Leuten ist ein kreisender, manchmal zwanghaft rund laufender rascher Denkstil gemeinsam, der immer wieder einen neuen Schwerpunkt sucht. Ein gutes Bild dafür ist ein Kinderspielzeug, der Kreisel. Darum habe ich die griffige Bezeichnung des »Kreiselns« gewählt. Als Resultat ergibt sich günstigstenfalls Genialität. Meistens werden die Nachteile der Abschottung von der Außenwelt beim Kreiseln überwiegen. Für das mit dieser Technik arbeitende Gehirn ist nebenbei gesagt das komplette Ausblenden der Umgebung wertvoll, da der offene Filter für alle einlaufenden Reize ungeheuer anstrengend ist. Der Fachmann spricht von »ADS des unaufmerksamen Typs«.

Dieses Gedankenkreiseln kann sich verselbstständigen. Wer Stefan Zweigs »Schachnovelle« gelesen hat, versteht, was ich meine (diese kleine Novelle sollten Sie unbedingt lesen. Sie stellt bezüglich dieses Mechanismus jede theoretische Beschreibung in den Schatten und ist überdies spannend geschrieben). Wenn das Kreiseln so weit die Oberhand gewinnt, dass der ADSler kaum noch von der Gedankenwelt in die Realität umschalten kann, dann wird der Nervenarzt die Diagnose formaler und inhaltlicher Denkstörungen stellen. Es folgt die fälschliche Annahme einer schweren Psychose. Nun wird die Behandlung mit »schweren Geschützen« statt mit den ADS hilfreichen nebenwirkungsarmen Mitteln versucht. Wenn der Patient oder besser das Opfer der gut gemeinten ärztlichen Maßnahmen seinen Unmut zu Recht lautstark äußert, so bestätigt er den Fachmann nur. Man muss schon sehr intelligent sein, um unter solchen Umständen aus der geschlossenen Station herauszukommen.

Das ist vor Jahren, bevor ADS bei Erwachsenen thematisiert wurde, einer guten Freundin von mir geschehen. Mittlerweile ist klar, dass es sich nicht um eine Psychose im eigentlichen Sinn gehandelt hat. Ganz typisch wurde zwischenzeitlich die Diagnose ADS zuerst bei ihrem Kind, dann bei ihr gestellt. Das Eingesperrtsein in einem Gedankenkreisel lässt manchen Psychiater zu seltsamen Diagnosen greifen: Autismus ist eine solche. Nicht nur grammatisch können Sie diesen Satz in zwei Richtungen lesen: Auch für den Seelenkundler ist es ein Problem, zeitweise in seine Welt eingesperrt zu sein. Es gibt viele Nervenärzte und Psychologen mit ADS.

Wir haben über Fehldiagnosen gesprochen. In allen Fällen waren Menschen, die ich gut kenne, betroffen. Es gibt eine für jeden Interessierten einfach auszulösende Form des Gedankenkreiselns. Verwickeln Sie jemanden, von dem Sie glauben, er habe ADS, in ein Gespräch über ein Thema, das diesen fesselt. Nach einer halben Stunde wechseln Sie das Thema auf etwas Langweiliges. Sie werden vermutlich bemerken, dass es Ihrem Partner kaum möglich ist, Ihnen zu folgen. Entweder er versucht immer wieder auf den alten Gesprächsgegenstand zurückzukommen, oder er wirkt geistesabwesend.

Ein passendes Thema kann, wenn Sie es geschickt angefangen haben, Ihrem Versuchskaninchen für Stunden oder Tage ein geordnetes banales Gespräch unmöglich machen und ihm den Schlaf rauben. Ständig drehen sich seine Gedanken um den Gegenstand des Gespräches. Was kann man machen, um solch ein Thema zu finden? Ganz einfach: Suchen Sie eine möglichst abstruse, aber in sich logische Theorie. Diese sollte mit dem Hang zum Unglücklichsein Ihres Gegenübers zu tun haben. Das wird diesen brennend interessieren. Wenn Sie selbst ein ähnlich gelagertes Problem haben und das, was Sie sagen, ernst nehmen, können Sie beide sich in kaum auflösbarer Weise verstricken. Als Experiment mag das belustigend sein. Tatsächlich ist es das nicht.

Ob dieser Mechanismus tatsächlich unfreiwillig zur Begründung psychiatrischer Schulen beigetragen hat, überlasse ich Ihren eigenen Nachforschungen. Aus diesem Stoff lassen sich absurde Komödien stricken. Wenn Sie bedenken, dass durch ein Sich-Verselbstständigen der Technik des Gedankenkreiselns Schaden entstehen kann, sehen Sie Psychotherapie bei ADS mit großer Skepsis. Einen Betroffenen kenne ich, den die »Therapie« seiner angeblich narzisstischen Persönlichkeitsstörung Jahre des Lebens gekostet hat. Oft verhindert nur die Tatsache, dass es dem Opfer nach einem Vierteljahr langweilig wird, immer dasselbe zu denken, größeren Schaden. Der arme Therapeut steht dann wieder einmal vor einem Rätsel. Sein Klient oder Patient geht genau in dem Moment von der Fahne, in dem »die Therapie angefangen hat, heilsam zu wirken«. Richtiger wäre zu sagen: »in dem Moment, in dem es ihm trotz Therapie besser geht«. Die Verblüffung der Therapeuten hat mich in Gesprächen immer wieder zum Schmunzeln gebracht. Von Patientenseite bekomme ich diesen Mechanismus aus der Selbsthilfegruppe geschildert.

Dennoch kann eine Therapie durch Gespräche sehr hilfreich sein. Sie sollte in den immer wiederkehrenden Lebenskrisen der Menschen mit ADS einen Halt bieten. Noch fehlt es aber der Mehrzahl der Therapeuten am nötigen Rüstzeug. Nach den Erfahrungen aus der Selbsthilfegruppe ist es zu einem guten Erfolg unerheblich, welcher Schule der Therapeut angehört, wenn er nur mit beiden Beinen fest auf dem Boden steht. Unter theologischen Seelsorgern gab es einmal (und gibt es zuweilen immer noch) einen Typus des handfesten Landpfarrers. Diese Sorte Mensch kann erstaunlich gut mit ADSlern umgehen. Solche finden sich gelegentlich auch unter Lehrern und vereinzelt unter medizinischen Therapeuten. Einige Heilpraktiker, nicht belastet mit allerlei psychiatrischem Schuldenken, beweisen da erstaunliches Geschick. Jugendliche mit ADS suchen aus diesem Grund oft die Nähe zu liebevollen, aber konsequenten Großeltern. Diese lassen ein Gespräch gar nicht bis zum Auslösen eines Gedankenkreiselns aufschaukeln. Dass solche Bezugspersonen immer seltener werden, ist einer der Gründe für die Dekompensation von mehr und mehr Menschen mit ADS.

Herumtoben

Kinder mit der Eigenschaft ADS gehen über Tische und Bänke, sind rast- und ruhelos. Weil die Umgebung meint, das sei zu viel der Hektik, wird diese Erscheinung »Hyperaktivität« genannt. Als eine refokussierende Maßnahme aber funktioniert das Herumtoben bei Kindern vorzüglich. Die Bewegung ordnet das Durcheinander im Kopf in gleicher Weise wie das Gedankenkreiseln. Zusätzlich wirkt die motorische Aktivität auch direkt anregend auf das dopaminerge System. Die Erschöpfung nach dem Austoben führt später (im Gehirn) zu einer zentralen Umregulierung für Stunden. Es stellt sich die innere Mitte her, die solch ein Mensch sonst nicht hat. Damit nicht genug: Bedingt durch seine Lernstörung, braucht ein ADSler mindestens zehnmal mehr Wiederholungen zum Erlernen einer neuen Körperbewegung als Otto Normalverbraucher. Wenn solch ein hyperaktives Kind sich 20-mal mehr bewegt, so hat es ein hohes Unfallrisiko. Es kann aber überdurchschnittliches Körpergeschick bekommen, nicht trotz, sondern wegen seiner »Behinderung«. Dieses Kind wird nicht für den Rest des Lebens linkisch, wie es sonst oft zu sehen ist.

Abgesehen davon macht Bewegung glücklich. Wenn man ältere ADSler und ihre Angehörigen fragt, kommt und geht die Hyperaktivität im Laufe des Lebens. Typisch ist, dass sie nach dem Entdecken neuer Welten, etwa durch Lesen, vorübergehend durch Gedankenkreiseln abgelöst wird. Altgediente Pädagogen wussten das schon immer. »Der wird ruhiger, wenn er erst lesen kann«, sagen sie der völlig entnervten Mutter. Auch die Variante, dass unter zunehmender Belastung oder Hormonumstellung die Hyperaktivität als neue Methode der Refokussierung entdeckt wird, sieht man, besonders bei jungen Frauen, häufig.

Bei Erwachsenen ist es leider so, dass diese mit solch einer »Gewalt« das Stillsitzen haben lernen müssen, dass sich die Hyperaktivität nach innen richtet. Fußwippen, Fingertrommeln, Kaugummikauen, Rauchen und dergleichen machen das einzig noch sichtbar. Der Stau lässt sich aber so nicht auflösen. Der Adrenalinspiegel steigt. Psychosomatische Erkrankungen und Aggressivität sind die Folge. Innere Unruhe und später Herzkreislauferkrankungen bis hin zum Herzinfarkt sind bei steigendem Lebensalter eine klassische Folge des nicht erkannten ADS. Viele Kinder und Erwachsene setzen Bewegung systematisch in Form von Sport ein, um ihr ADS zu kompensieren. So erklärt sich der hohe Anteil von Leistungssportlern mit ADS, denen man dieses in den Trainingsphasen kaum anmerkt. In den zunehmend bewegungsarmen Lebensbedingungen heutzutage finden Sie, lieber Leser, einen weiteren der vielen Gründe, weshalb die Gruppe der ADSler immer mehr dekompensiert.

Begeisterung

Ein Mensch mit ADS kann sich für etwas so gründlich begeistern, dass es kaum nachzuvollziehen ist. Er lässt sich nicht von seinem Hobby, etwa dem Modellflugzeug, trennen. Es können auch »Künste« sein wie die Numismatik (als ob Münzensammeln spannend wäre!), das Forschen nach Sonderangeboten, das Sammeln von Steinen, der Tauchsport, der Computer, der Oldtimer, das Fotografieren … All das sind Beispiele aus dem prallen Leben mir bekannter Leute mit ADS. Die Umgebung, insbesondere die Ehefrau oder der Ehemann sieht schon zwanghafte Züge. Seltsam ist: Das Objekt der Begierde kann von heute auf morgen wechseln, wenn die Marotte dem Träger lästig wird. Wirklich ein Zwang, im vollen Sinne der psychiatrischen Diagnose, ist selten gegeben. Zu diesem Thema sind Biographien, etwa die von Leonardo da Vinci, lehrreich.

Wie die oben genannten Refokussierungstechniken entzieht sich die Begeisterung weitgehend der willentlichen Steuerung. Das Gehirn drückt auf den entsprechenden Knopf, wenn es das Durcheinander in ihm unerträglich findet. Der Ehepartner reagiert oft mit Eifersucht: Das Hobby scheint wichtiger als die Ehe. Fatal ist, wenn ein Mensch Objekt dieser »Hyperfokussierung« (dazu mehr im Kap. 8 u. 9) wird. Der Mechanismus ist mit dem Gedankenkreiseln eng verwandt und geht oft damit Hand in Hand. Er wirkt vorzüglich dämpfend auf das Chaosniveau. Weil es eben nicht wirklich um das Objekt der Hyperfokussierung geht, sondern um eine Regulation der Hirnaktivität, wechseln manche ADSler ihr Hobby so oft. Typisch ist weiterhin, dass sich kurz vor der Umsetzung einer Problemlösung Langeweile einstellt. Dann wird aufgegeben und ganz woanders neu begonnen. »Jedem Anfang wohnt ein Zauber inne«, sagte Hermann Hesse.

Günstigstenfalls wird der ADS-Träger damit zum Universalgenie wie Leonardo da Vinci, bei dem sich dieses Neuanfangen und Experimentieren durch die Biographie zieht. Die meisten verzetteln sich jedoch nur. Haben Sie schon einmal im Beruf mit so jemandem zusammengearbeitet? Ich kann Ihnen sagen, Sie lernen viel über allerlei, aber es ist anstrengend. Gut dokumentiert ist das für die Unternehmungen des Thomas Alva Edison. Gute Lehrer sind in der Lage, die Hyperfokussierung ihrer ein oder zwei ADSler in der Klasse zu kanalisieren, durchaus zum Nutzen der ganzen Gruppe. Wenn Sie mich fragen, ich finde nichts hilft gegen die unangenehmen Seiten des ADS so segensreich, wie ein gut gemachter Unterricht.

Multitasking

Ich liebe die deutsche Sprache, auch wenn ich sie gelegentlich misshandele. Mir ist kein treffendes Wort in meiner Muttersprache eingefallen. Multitasking ist die Fähigkeit, mehrere Arbeiten gleichzeitig zu erledigen. Vor Ihrem geistigen Auge sehen Sie nun vermutlich den Börsenmanager gleichzeitig mit drei Telefonen fünf Geschäfte abwickeln. Das war in der Zeit vor der PC-Überflutung der Welt. Genau das ist Multitasking. Voraussetzung dafür ist, das der Denkapparat dieses Mannes in der Lage ist, mehrere Gedankenkreise gleichzeitig zu führen. Ja, diese können sogar sinnvoll miteinander verknüpft werden.

Es finden sich Elemente der »Hyperfokussierung« und des Kreiselns von Gedanken, all das parallel über mehrere Angelegenheiten. Die auch dafür von mir geliebte deutsche Sprache versetzt Schriftsteller in die Lage, diese Gedanken mit einem reichen Gebrauch von Nebensätzen deutlich werden zu lassen. Es ist ein Vergnügen zu sehen, wie Hermann Hesse dieses Stilmittel zur Beschreibung der Zerrissenheit des mit ADS-Merkmalen reichlich gekennzeichneten Steppenwolfs benutzt. Zugleich gibt er damit über die Denkstrukturen des Autors Auskunft. Hesse ist zuzutrauen, genau das vorgehabt zu haben. Der Fähigkeit des Multitasking verdankt es eine Reihe von Erfindern, etwas revolutionär Neues schaffen zu können. Das kann man bei Edison besonders gut sehen. Ganz einfach durch

Zusammenführen bis dahin unverbunden nebeneinander stehender technischer Entwicklungen ist etwas Neues entstanden.

Aus der Geschichte sind auch Beispiele bekannt, wo dieses Multitasking ausgesprochen destruktiv verwendet wurde. Napoleons Meisterschaft darin hat vielen Hunderttausend Soldaten das Leben gekostet. Wenn Sie sich mit diesem Herren beschäftigen, kommen Sie um das Phänomen des Mindestens-drei-Dinge-gleichzeitig-Tuns nicht herum, ganz gleich ob Napoleon nun ADS hatte oder nicht.

Auch auf das Ihnen hier vorliegende Buch lässt sich Ihre Kenntnis von ADS und Multitasking anwenden. Denn tatsächlich entspringt auch das Stilmittel der Ironie dieser Quelle, eine anstrengende Form des Humors. Wenn Sie und ich über einige Kapitel hinweg versuchen, Naturwissenschaft, Literatur, Lebensläufe, Psychologie und Pädagogik miteinander zu verflechten, üben wir uns im Multitasking, wir imitieren diese Art zu denken mit einem kleinen Schuss Kreativität!

Übrigens folgen wir damit der Spielregel, die Hermann Hesse für das Glasperlenspiel im gleichnamigen Roman entworfen hat. Dort wird die Zerrissenheit der Welt geheilt. Hier sind wir froh, einige wenige Aspekte des ADS beleuchten zu können.

Zurück zum Thema: Multitasking ist von den bisher besprochenen Mechanismen diejenige, die am wirkungsvollsten Ordnung schaffen kann, für all die auseinander laufenden Aktivitäten in einem mit ADS geschlagenen Gehirn. In äußere Aktionen umgesetzt, bindet es auch die Hyperaktivität ein. So Arbeitende sehen Sie tatsächlich wie entfesselt durch die Arbeitsstelle toben, nicht nur mehrere Dinge gleichzeitig anfassend, sondern auch auf hohem Niveau. Diese Leute tun sich gleichzeitig durch das Herunterfahren des Chaosniveaus selbst etwas Gutes. Einige sind gar nicht in der Lage, anders zu arbeiten.

Mit zunehmender Bürokratisierung unserer Arbeitswelt wird das von der Umgebung abgestraft, beängstigend für Mitarbeiter und Vorgesetzte war es schon immer. Außerdem ist diese Arbeitsweise anstrengend: Die nötigen Auszeiten werden im modernen Berufsleben nicht mehr gewährt. Wieder finden Sie, liebe Leserin, lieber Leser, einen Grund für die zunehmende Zahl von dekompensierenden ADSlern. Nebenbei bemerkt, haben auch Hochbegabte ohne ADS, Denkstrukturen im Sinne des Multitasking. Kein Wunder, dass sich diese Gruppen in manchem ähneln. Voraussetzung für den Einsatz dieses Mittels zur Refokussierung ist in der Tat eine gewisse Grundintelligenz, die dann im täglichen Kampf gegen das Chaos geschult wird.

Wenn Sie ein Gefühl für die Gedankenstrukturen des Kreiselns und Multitasking bekommen wollen, schauen Sie im nächsten Urlaub in die Scheibenweltromane von Terry Prachett. Besser noch Sie nehmen »The Hitchhiker's Guide to the Galaxis« von Douglas Adams, auf Deutsch »Per Anhalter durch die Galaxis«. Dieser moderne Klassiker ist noch anstrengender. Die Arbeitsweise von Douglas Adams ist in »The Salmon of Doubt« (in deutscher Übersetzung »Lachs im Zweifel«) im Vorwort des Herausgebers beschrieben worden. Bei ihm hat sich tatsächlich um Multitasking in Kombination mit motorischer Hyperaktivität gehandelt. Amüsant zu lesen und für unser Thema sehr lehrreich. Im Büro einer Behörde wäre dieser Autor hoffnungslos untergegangen…

4. Wer denkt, dass er denkt...

Im vierten Kapitel verlassen wir den Pfad der Tugend und fangen vor Adam und Eva an.

Bisher haben wir uns vorwiegend mit dem Denken beschäftigt. Diese Tätigkeit ist entwicklungsgeschichtlich sehr neu, sozusagen einen Wimpernschlag im Leben der Evolution alt. Steuerung und Informationsaustausch ging und geht bei der Mehrzahl der Lebensformen mit Botenstoffen vonstatten. Schon ein Einzeller benötigt diese, um die Vermehrung und das Fressen zu steuern. Mehrzellige Lebewesen nutzen Botenstoffe darüber hinaus, um Zellen und Zellverbände zu gemeinsamer Aktion zu koordinieren. Fallen die Botenstoffe, also die Hormone, aus, besteht sofortige Lebensgefahr. Das Nervensystem an sich ist eine spätere Entwicklung. Eine seiner vielen Funktionen ist, ein soziales Leben zu ermöglichen. Die primitivste Form davon ist, dass Männchen und Weibchen Sex haben, statt sich gegenseitig aufzufressen.

Erst jetzt kommen Gefühle ins Spiel. Beim Denken sind wir noch lange nicht. Die Lust muss manchmal stärker sein als Aggression, Hunger und Furcht. Damit sind die lebenswichtigsten Emotionen schon genannt. Damit der Körper in Einklang mit der Umgebung funktioniert, besteht eine enge gegenseitige Beeinflussung zwischen den vielen hormonellen Regelkreisen und dem Gehirn. Wir spüren das z. B. bei Hunger oder Wut sehr deutlich am eigenen Leib. Erst als unsere Vorfahren begannen, in komplexen sozialen Zusammenhängen zu leben, wurde das Denken nötig. Noch immer ist es so, dass die Gefühle stärkeren Einfluss auf die Gedanken haben als umgekehrt. Bei dieser kurzen Zusammenfassung sind Sie, lieber Leser, mir entlang lediglich allgemein für richtig gehaltenen Annahmen gefolgt.

Hyperaktive Gefühle

Nun aber: Was wäre, wenn die Unterfunktion des dämpfenden dopaminergen Systems so schlimm wäre, dass chaotische Schwingungen einzelner Hirnfunktionssysteme bis in die Steuerung der Hormone durchschlügen? Diese Situation wäre lebensgefährlich. Gedanken als ordnendes Element wären wohl kaum ausreichend, egal ob parallel, hyperfokussiert, kreiselnd oder sonst wie.

Es wäre zu erwarten, dass ältere, wirksamere Systeme in Schwingung gebracht werden müssten. Sie könnten die bereits bestehenden, sich chaotisch aufschaukelnden Schwingungen wichtiger Hirnareale zumindest ordnen und durch Interferenz günstigstenfalls dämpfen. »*Interferenz*« nennt man das Phänomen, das auftritt, wenn sich zwei oder mehrere Wellen überlagern. Wenn dabei zwei Wellenberge zusammentreffen, wird der neu entstehende Berg umso größer. Treffen Berg und Tal zusammen, heben sie sich auf. Tatsächlich kann man unser Gehirn als eine Ansammlung eng miteinander verknüpfter Schwingkreise verstehen. Übrigens: Auch ein Kreisel schwingt rund um seinen Mittelpunkt. Dieses Bild zur ADS-typischen Gedankenführung kommt nicht von ungefähr.

Wenn die Ebene unter der Gedankenebene, zumindest in Teilen, in heftige Aktion versetzt würde, so müsste der Betroffene das durch eine starke Emotion merken. Diese müsste sich außerdem nicht zwangsläufig nach einem angemessenen äußeren Anlass richten. Hiermit ergibt sich für einen Beobachter die Möglichkeit, ohne aufwändige neurobiologische Untersuchungen, nur durch Abfragen der Gefühlslage Erkenntnisse zu sammeln. Das ist genau die Arbeitsweise, die im Folgenden angewandt wird.

Hyperfokussierung auf Gefühle statt Chaos?

Das Werkzeug eines Gefühls wird in Ermangelung eines wirksamen Dämpfungssystems zweckentfremdet. Das Erstaunen der Mitmenschen, die glauben, dass die Emotion sich auf sie beziehe, kann vorausgesetzt werden. Da bei einem Menschen mit ADS die Gefühle mangels Dämpfung ohnehin sehr schnell in Wallung kommen, ist eine biologische Bereitschaft dazu bereits vorhanden.

Wenn das Bild von der Interferenz wirklich stimmig wäre, müssen wir fürchten, dass es auch schief gehen kann, ein Gefühl zu stark zu aktivieren. Mit Pech schaukelt sich das Chaos auf. Um im Bild zu bleiben: In der Seefahrt nennt man die entstehenden Riesenwellen Kaventsmann oder »Superwave«. Etwas in dieser Richtung gilt auch für das Gedankenkreiseln. Dieses kann so beherrschend werden, dass es selbst zum Problem wird. Ein intensiv und immer im Kreis laufender Gedankengang ist dann nicht mehr abstellbar und kann Essen, Schlafen und die ehelichen Freuden vergessen machen.

Dass ein Gehirn, das mit so verzweifelten Mitteln die Balance halten muss, schnell erschöpft ist und lange Pausen braucht: Wen wundert es? Dieses könnte einer der Gründe sein, warum manchem Betroffenen das Leben so anstrengend erscheint. Winston Churchill zum Beispiel hatte das Gefühl, sich so schnell zu verschleißen, dass er jung sterben würde. Ein Grund mehr für ihn, mehr Gas zu geben. Vor dem frühen Ende wollte er noch viele Pläne verwirklichen. Der frühe Tod ist bei ihm nicht eingetreten, zu unserem Glück, wenn man in die Geschichtsbücher schaut. Wenn ich einige mir bekannte Manager mit ADS und deren Stresserkrankungen sehe: Winston Churchill lag mit seinem Gefühl nicht wirklich falsch.

Zeichen tief greifender Veränderungen im Zusammenspiel von Gehirn und Körper

Einige Hinweise darauf, dass ADS auf hormonelle Regelkreise oder andere wichtige Hirnfunktionen durchschlägt, finden sich tatsächlich, auch darauf, dass Gefühle zum Refokussieren genutzt werden.

Menschen mit ADS bleiben im Durchschnitt zwei Zentimeter kleiner als die übrige Bevölkerung. Man hat das herausgefunden, als man nach Spätschäden durch das Medikament Methylphenidat (Ritalin und Medikinet sind einige der Markennamen) gesucht hat. Dieser Effekt besteht unabhängig davon, ob versucht wird, ADS mit Medikamenten zu behandeln oder nicht. Dieses ist ein Hinweis auf eine gestörte Funktion zentraler Hormonsysteme, zum Beispiel des Wachstumshormons.

Als typisch für ADS wird angegeben, dass der Schlaf- und Wachrhythmus verändert sei. Betroffene Menschen schlafen meistens weniger und unregelmäßiger als eigentlich üblich. Das trifft allerdings im Zustand der Erschöpfung nicht zu. Es ist schwer, in den Schlaf zu kommen, und für viele ungewöhnlich mühsam herauszukommen. Das ist ein weiterer Hinweis auf eine Beteiligung eines Hormons, des Melatonin.

Als typisch wird beschrieben, dass Hunger und Durst vergessen werden können. Eine gestörte Regulation der Nahrungssaufnahme (an einigen Tagen Heißhunger, dann tageweise geringe oder keine Nahrungsaufnahme) ist fast die Regel. Auch extreme Fettsucht ist bei ADS nicht selten, besonders bei Frauen. Wenn die Kontrolle so überlebenswichtiger Dinge wie Hunger und Durst beeinträchtigt ist, wird es sich wirklich um tief greifende Veränderungen handeln.

Weiterhin wird als typisch angesehen, dass die mit ADS geschlagenen Frauen vor und nach der Regel ungewöhnlich starke Beschwerden haben. Als prä- und postmenstruelles Syndrom stellt das alle Beteiligten vor Herausforderungen. Wieder sind es die Hormone!

Mittlerweile hat man herausgefunden, dass sich bei der Aufzeichnung der elektrischen Hirnaktivität typische Veränderungen finden lassen. Wenn bereits ein so grobes Messinstrument wie das EEG etwas zeigt, muss man von größeren Funktionsabweichungen ausgehen.

Im Durchschnitt haben ADSler ein kleineres Frontalhirn als andere Menschen. Tatsächlich – das kann ich aus eigener Erfahrung sagen – verhalten sich Menschen mit Frontalhirnschaden ähnlich wie unsere Sorgenkinder. Reicheres Anschauungsmaterial gab es, als noch viele der Kriegsversehrten lebten. Ich erinnere mich noch lebhaft an einen Freund meines Vaters, dem man das Frontalhirn weggeschossen hatte. Seine ungesteuerte Impulsivität war manchmal schwer zu ertragen. Übrigens war er trotzdem ein wirklich netter Kerl. Bei Reihenuntersuchungen mit dem Kernspintomographen findet man bei Menschen mit ADS regelmäßig, dass der vorderste Teil des Gehirns relativ klein ist.

Die häufige Kombination von ADS mit Teilleistungsstörungen wie Lese- und Rechtschreibschwäche, Rechenschwäche oder Orientierungsschwäche, um nur einige zu nennen, sind ein weiteres Indiz. Zentrale Hörstörungen und Sehstörungen gehören ebenso hierhin wie die oft hölzern wirkenden Bewegungsabläufe und die oft beobachteten Muskelverspannungen schon beim Säugling.

Was geschieht, wenn das ADS mit Tabletten ausgeschaltet wird?

Den besten Beweis für eine Beteiligung von Gefühlen und Hormonen finden Sie, wenn Sie einen ADSler fragen, was geschieht, wenn die Wirkung des Ritalin nachlässt. Methylphenidat bringt das dämpfende und sortierende dopaminerge System binnen einer halben Stunde auf Trab. Alle vom Gehirn erzwungenen refokussierenden Maßnahmen stoppen sofort. Dann ist die Unruhe weg, dann ist der offene Reizfilter weniger anstrengend, dann kommen die kreiselnden Gedanken zur Ruhe. Nicht verloren geht die Fähigkeit zum Multitasking, aber es ist kein Zwang dazu mehr vorhanden. Es wird möglich sich in einer großen, sonst verwirrenden Gruppe von Menschen zu bewegen. Die Wirkung lässt ebenso abrupt nach, wie sie gekommen ist. Auf die Frage, was bei Wirkeintritt geschieht, wird von den Probanden selten kurz und deutlich geantwortet.

Über das Ende der Wirkung bestehen deutlichere Vorstellungen, viele sprechen von mehreren Phasen. Die erste Phase wird mit Lähmung oder totaler Verwirrung beschrieben. Für die zweite Phase werden von Person zu Person unterschiedliche Angaben gemacht. Fast regelmäßig wird von Gefühlen gesprochen. Melancholie, Angst und Aggression führen die Hitliste an. Schließlich kommt es nach kurzer Normalisierung zu überschießendem Leistungsvermögen und sei es nur für Minuten.

Was ist geschehen? Zunächst ist mit dem Wirkende des Medikaments die Funktion des dopaminergen Systems zusammengebrochen. Dann werden starke Gefühle zum Refokussieren eingesetzt. Schließlich schwingt das System überschießend durch. Erst nach einer dritten Phase tritt die motorische und/oder gedankliche Unruhe wieder auf. Methylphenidat ist auch in der Lage, refokussierende Gefühle schlagartig abzublocken. So wirkt das sonst starke Aufputschmittel bei ADS gegen Angst, Trauer oder Aggression. Leute ohne ADS können davon Angst und Unruhe bekommen.

Eine exemplarische Beobachtung aus der Selbsthilfegruppe will ich Ihnen nicht vorenthalten. Eine Frau von etwa 50 Jahren sagte: »Zuerst versinke ich, nachdem das Ritalin aufgehört hat zu wirken, in ein totales Chaos. Ich muss mich hinlegen, nichts geht mehr. Dann werde ich einige Minuten traurig. Danach bekomme ich Angst. Nicht vor etwas Bestimmten, einfach nur Angst. Später geht es mir dann gut. Die Angst ist so unangenehm, dass ich Ritalin sehr ungern nehme, obwohl es gut wirkt.« Diese Frau sagte in einem anderen Zusammenhang: »Ich muss immerzu etwas denken. Alles wäre sonst viel zu langweilig.« Sie berichtet somit über gleich mehrere Strategien des Gehirns, den Sumpf des Durcheinanders trockenzulegen.

Liebe Leserin, lieber Leser! Sie können diese Antworten nicht von Menschen mit ADS erwarten, die unter 30 Jahren alt sind, und wenn, dann eher von Frauen als von Männern. Vom offenen Reizfilter war schon die Rede. Damit verbunden ist eine Wahrnehmungsstörung, unter der all diese Menschen leiden. Das betrifft auch die Wahrnehmung der eigenen Gefühle. Manche lernen das nie, andere 10 oder 20 Jahre später als die Altersgenossen. Auf Männer trifft das besonders oft zu. Wut, Trauer und Angst zum Beispiel sind für solche Menschen nicht auseinander zu halten. Hier handelt es sich um einen Teil der von den Fachleuten angegebenen *»verzögerten psychosozialen Reife«*. Da Gefühle ein wichtiges Steuerungselement im Zusammenleben sind, besteht damit ein bedeutendes Handicap. Wenn diese außerdem noch zur Refokussierung missbraucht werden, wird der Schaden umso größer; es ist kein Verlass auf sie.

Zu Ihrer Belustigung können Sie folgendes Experiment machen: Wenn ein Pärchen vor Ihnen sitzt, wovon er ein ADS-Träger ist, fragen Sie, wie es ihm geht. Die positive Antwort wird in vielen Fällen durch Mimik, Gestik und Körperhaltung Lügen gestraft. Es handelt sich aber nicht um eine Lüge: Die eigene Stimmung wurde nicht korrekt wahrgenommen. Dann fragen Sie den Partner. Nun wird die richtige Antwort kommen, zumeist noch mit der Begründung, es gehe ihm so und so, weil das und das geschehen sei. Richtig interessant wird es, wenn beide, wie es so oft der Fall ist, ADS haben. Auf einmal werden Sie Zeuge einer temperamentvollen Diskussion. Keiner traut dem anderen zu, es zu Recht besser zu wissen. Dabei kann ein Mensch mit ADS die Stimmung seines Gegenübers im Allgemeinen besser bestimmen als die eigene. Ich kenne einige, die dieses Manko fühlen. Von diesen Personen bekommen Sie immer die Antwort: »sehr gut, bestens.« Sie wollen die Peinlichkeit vermeiden, nicht sagen zu können, was sie fühlen.

Der ausgebildete Psychologe meint in dieser Situation, dieser Mensch wolle etwas vor ihm verbergen. Wie aber kann einer etwas verbergen, was ihm selbst verborgen ist? Missverständnisse bis zu absurd komischen Situationen sind die Folge. Das Spielchen »Wie geht es dir?« habe ich immer wieder mit wechselnden ADSlern gespielt. Offen gestanden halte ich das Ergebnis mittlerweile nicht mehr für lustig, zumal, wenn es diesen Menschen mit dem Bewusstsein ihrer Selbst an Möglichkeiten fehlt, angemessen in einer Krise zu reagieren.

Was mich betrifft: Ich frage meine Frau, wie es mir geht. Selbst unser Hund hat dafür ein besseres Gespür als ich selbst. Sekretärinnen von betroffenen Chefs können durch diese Fähigkeit unersetzlich werden.

Es wird bei der folgenden Aufzählung großer Gefühle einige Mühe machen, die unterschiedlichen Funktionen auseinander zu halten. Die Suche nach refokussierenden Gefühlen wird dadurch erschwert, dass ein Gefühl gleichzeitig mehrere Funktionen haben kann.

Aus der Not versucht die Fachwelt durch Anwendung des Begriffes der »*Komorbidität*« eine Tugend zu machen. Als ob die Dinge einfacher würden, wenn ein simpler Begriff suggeriert, man müsse nicht genau hinschauen! Ein alter Strahlentherapeut hat mir zu diesem Thema folgenden Witz erzählt. Ein Besoffener sucht etwas unter einer Laterne. Ein Passant fragt, wonach er suche. Die Börse suche er, die habe er in der dunklen Einfahrt dort hinten verloren. »Warum suchen Sie nicht da, wo Sie das Geld verloren haben?« Empörte Antwort: »Na, wie denn, im Dunklen?!« Bei der Diagnostik bösartiger Tumore hatte er dieses Verhalten oft beobachtet. Die Folgen waren dann für den Patienten bald zu spüren. Es wurde dem Arzt rasch klar: Er hatte an der falschen Stelle gesucht. Spätestens der Pathologe fand den Fehler.

Im Umgang mit der Seele ist die Wahrscheinlichkeit gering, dass der Behandler seinen Fehler rückgemeldet bekommt. Der Patient entzieht sich einfach. Es ist für den Psychiater ein hartes Brot, durch seine Patienten zu der Selbstkritik zu gelangen, die den Spezialisten für bösartige Erkrankungen in den Schoß fällt. Das anstrengende Gefühlsleben von Menschen mit ADS verdient eine genauere Betrachtung als derzeit – nach der Art des obigen Witzes – üblich. Mag sein, Sie finden dazu in den folgenden Kapiteln die eine oder andere Anregung.

5. Der Hunger

Im fünften Kapitel wird der Frage nachgegangen, was mehr schmerzt als der Hunger.

Wie Sie sicher bestätigen können, gibt es beim Hunger mehrere Phasen. Einmal angenommen, eine wichtige Tätigkeit hat sie am Mittagessen gehindert. Zunächst tritt ein mildes Verlangen ein: Essen wäre jetzt nicht schlecht. Wenn die Glukosekonzentration im Gehirn sinkt, kommt es bald zu Konzentrationsstörungen und Heißhunger. Wegen seiner Impulsivität und weil er in Sachen Aufmerksamkeit ohnehin schnell an seiner Grenze ist, wird sich der ADSler nun durch nichts am Essen hindern lassen. Ein geordneter Mittagstisch ist deshalb mit vielen solchen Menschen nicht möglich. Die müssen essen, wann es ihnen in den Sinn kommt, außer sie sind von etwas sehr gefangen genommen. Meine Mutter ist dadurch zur Weißglut getrieben worden, dass ich stets eine halbe Stunde vor den Mahlzeiten die Aufnahme von Kalorien nicht länger hinausschieben konnte.

Nach einigen Hungertagen stellt der Körper seinen Stoffwechsel um und verbrennt statt Kohlenhydraten Fettsäuren. Die Glukose für das zentrale Nervensystem wird im Notbetrieb neu aufgebaut. Das quälende Hungergefühl wird von einem Schwächegefühl abgelöst. Gleichzeitig tritt eine leichte, durch nichts gerechtfertigte Euphorie ein. Es sei denn, das Verhungern soll dem Opfer ein wenig versüßt werden. Wer einmal Heilfasten gemacht hat, kennt diesen Effekt. Es bleibt aber ein unterschwelliger Hunger. Diese Situation ist wie geschaffen, das Chaosniveau herunterzufahren.

Das Gefühl des Hungers wird zum ordnenden Element. Gleichzeitig verändert die körperliche Schwäche die Balance der Schwingkreise oder Neurotransmittersysteme im Gehirn. Dämpfung wird auch auf diese Weise erzielt. Menschen mit ADS verlieren in dieser Situation ihre quälende Impulsivität. Auch der Reizfilter wird enger. Geordnetes Denken wird einfacher. Hunger ist durch diesen doppelten Mechanismus wirkungsvoll refokussierend. In einer Situation, die andere Menschen lähmt, steigt für Wochen die Leistungsfähigkeit.

Als Beispiel aus der Selbsthilfegruppe steht mir ein 30-jähriger Mann vor Augen. Er hatte mal wieder seinen Job verloren, außerdem lebte er seit einigen Wochen in Trennung von Frau und Kindern. Heilfastend war er in der Lage, seine Angelegenheiten leidlich zu regeln. Vorher hatte sich das ADS so hochgeschaukelt, dass es ihm nicht möglich war, einen geordneten Gedanken zu fassen. Das Mittel des Fastens hatte er schon öfter angewendet.

Ich war entsetzt, weil mir bewusst war, dass diese Art zu refokussieren wirksamer ist als viele medikamentöse Therapieversuche. Zu einer unterstützenden Psychotherapie war er außerdem wegen seines immer noch zu hohen Chaosniveaus nicht fähig. Fatal ist, dass eine Lebenskrise länger dauert als die Möglichkeit des Körpers, Hunger zu ertragen. Außerdem verliert er das Gefühl für den normalen Hunger. Die Wahrnehmung von Gefühlen ist syndromtypisch ohnehin gestört. Nach der Krise wird er mit hoher Wahrscheinlichkeit immer wieder zu einer kohlenhydratreichen Mahlzeit greifen, vorzugsweise Schokolade, oft und viel. Die entstehende Fettsucht wird mit einer Diät behandelt werden. In kaum etwas anderes kann man sich so schön hineinsteigern, »hyperfokussieren« wie in Diätpläne. Nun sind gleich drei gegen das Chaos wirksame Mechanismen am Start, Begeisterung plus ordnendes Gefühl plus körperliche Schwäche. Das Ergebnis ist in vielen Fällen eine kaum beeinflussbare Magersucht.

Zu dieser Magersucht kann man als ADSler auch auf anderen typischen Wegen kommen. Nicht selten hört man von Leistungssportlern, die sich auf das Kampfgewicht herunterhungern sollen.

Ich denke an den Skispringer Sven Hannawald. Auch bei Edward Hallowell und John Ratey finden Sie ein eindrucksvolles Beispiel. Die beiden beschreiben einen Sportler, der sich auf Wettkampfgewicht herunterhungern soll und daran Gefallen findet, weil er sich endlich auf etwas konzentrieren kann. Die Angelegenheit endet vorläufig in einem schweren körperlichen Zusammenbruch. Junge Frauen – mittlerweile auch Männer – erlernen diese wirkungsvolle refokussierende Technik, um dem derzeitigen Schönheitsideal zu entsprechen. Wenn Sie ein prominentes Beispiel suchen, um zu diesem Aspekt biographische Angaben zu finden, können Sie sich mit Kaiserin Sissi von Österreich beschäftigen. Das ADS-typisch geringe Selbstwertgefühl stellt die Falle auf. All diesen Hungernden ist gemeinsam, dass es ihnen kaum möglich ist, dieser Falle zu entrinnen. Wie schon bei anderen angesprochenen Selbsthilfeaktionen des vom eigenen Durcheinander gequälten Gehirns entzieht sich auch diese refokussierende Maßnahme weitgehend der willentlichen Steuerung.

Was ist in diesem Notfall zu tun? Zuerst ist zu prüfen, ob ein ADS vorliegt. Wenn das der Fall ist, kann gezielter behandelt werden. Dumm ist, dass die bei ADS wirksamsten Medikamente das Hungergefühl unterdrücken. Dumm ist auch, dass es schwer ist, einen körperlich schwachen Menschen für etwas Neues zu begeistern. Begeisterung dafür, auf ein neues Ziel zuzulaufen, ist aber eingedenk des ADS die wirksamste Behandlung. Ein mühsames Geschäft bleibt es also.

Nicht jeder Magersüchtige hat ADS. Jeder Jugendliche mit ADS hat jedoch ein erhöhtes Risiko, magersüchtig zu werden. Es handelt sich um eine immer noch lebensgefährliche Erkrankung im Grenzbereich zwischen körperlicher und seelischer Sphäre.

6. Der Schmerz

Im sechsten Kapitel wird besprochen, wogegen Kopfweh gut sein kann.

Wie der Hunger hat der Schmerz eine vielfältige Funktion, eingreifend in eine Fülle biologischer Prozesse. Bevor Sie und ich uns mit Schmerz bei ADS beschäftigen, müssen wir uns erst einmal den Schmerz näher anschauen. Zuerst ist da der schnelle, brennende Schmerz, ein Zeichen einer plötzlichen Bedrohung des Körpers. Dementsprechend wird er von besonderen, schnellen Nervenfasern geleitet. Das Nervensystem verzichtet zunächst darauf, den Instanzenweg über das Bewusstsein zu gehen. Wenn Sie – wie noch mein Vater es als Kind im Sommer dauernd tat – einmal barfuß gehen, wissen Sie, was ich meine. Ihr Fuß zuckt zurück, bevor der Dorn ganz eingedrungen ist. Erst nachdem die Sohle entlastet ist, bekommt das Bewusstsein, mehr nebenbei, eine Meldung. So sind Sie dann in der Lage, die jahrtausendealte Beschwörung an die Dämonen der Stacheln, Nadeln und Dornen auszurufen: »Verdammte Sch…! Welcher Idiot hat …?«

Verhaltensforscher würden diesen Fluch als Warnung an die übrigen Mitglieder der Gruppe auffassen, wie das Gekreische eines Eichelhähers, wenn der Jäger naht. Ob der herzhafte Fluch als milde Form des schmerzerfüllten Schreis an der Wiege der Sprache stand? »Aua!« ist nach »Mama!« eines der ersten Wörter, das der Mensch spricht. »Mama! Aua!« dürfte der erste Satz sein. Jedenfalls ist es eindeutig: Der brennende Schmerz dient der eigenen Warnung und wird – so weise ist die Natur – zum Schutz anderer nahezu automatisch lautstark kommentiert. Die Stimmlage und Lautstärke lässt auf die Größe der Gefahr schließen.

Das war der schneidende, brennende Schmerz. Nun soll es noch einen *ziehenden* Zahnschmerz, eine *drückende* Mittelohrentzündung, einen *lähmenden* Kopfschmerz, ein *krümmendes* Bauchgrimmen, einen *beugenden* Rückenschmerz geben! In der Tat, es gibt sie, diese Schmerzen! Jeder hat schon einmal die dumpfe, manchmal klopfende Schmerzqualität erlebt, die den ganzen Menschen lähmen kann, mindestens aber das betroffene Körperteil. Mit »lähmen« sind wir auch schon bei dem Zweck dieser Art der Pein. Der schnelle, brennende Schmerz zwingt zur sofortigen und raschen Antwort über die Reflexe. Er ist in der Lage, ungeahnte Kräfte freizusetzen, nicht nur stimmlich. Der langsame, dumpfe Schmerz wird von langsameren Nervenleitungen geleitet. Sein Ziel ist, einen verletzten oder entzündeten Körperteil ruhig zu stellen. Anders ist eine Heilung nicht möglich. Auch heute noch, zur Zeit der hochwirksamen Medikamente, ist das Ruhigstellen von Körperteilen, nötigenfalls ein In-das-Bett-Legen des ganzen Menschen ein wichtiger Teil des ärztlichen Handelns. Die Kunst des Heilers besteht darin, zu wissen, wann und wie lange Ruhe gut tut.

Die Natur nimmt zur Ruhigstellung eine traurige Stimmungslage zur Hilfe. Das ganze »Ich« des Leidenden dreht sich um den Schmerz, ist Schmerz. Das Wissen um diesen Mechanismus ist so alt wie die Menschheit. Wenn die Vormenschen schon etwas haben wissen können, dann ist es sogar noch älter. Das können Sie, anschaulicher als ich es beschreiben kann, bei Homer in der Ilias nachlesen. Die »Helden«, wie die Plünderer und Brandschatzer in der eigenen Uniform damals wie heute regierungsamtlich genannt werden, haben den ganzen Vormittag vor Trojas Mauern gekämpft. Im Hauptquartier der Danaer wird bei einem kleinen Imbiss Rat gehalten. Man beschließt, sofort mit dem löblichen Werk des Totschlagens fortzufahren, solange die empfangenen Wunden noch heiß seien. Später, mit den dann von dumpfen Schmerzen steifen Knochen, werde das Kämpfen nicht mehr so gut von der Hand gehen. Sie sehen, die damaligen Räuberhauptleute haben wie moderne Generäle gedacht, um das Letzte aus ihren tapferen Soldaten herauszuholen.

Zurück aus der bunten Welt des Achill und Odysseus, dürfen Sie sich nun fragen, wie jemand mit ADS den Schmerz in seinen Dienst stellt. Nach der hier vertretenen Theorie sollte das gut funktionieren: Der dumpfe Schmerz zieht, aus biologischer Notwendigkeit, das ganze Wesen des damit Geschlagenen auf einen Punkt zusammen. Zusätzlich ist zu erwarten, dass Leute mit ADS durch den Druck, dem sie ausgesetzt sind, vermehrt Anlass für Schmerzen bieten.

Heilpraktikern ist dieser Gedanke vertrauter als Schulmedizinern. Ich habe einmal einen Vortrag über ADS eines Homöopathen angehört, der Kinder behandelte. Dieser alte Herr bestätigte mich in meinem Vorurteil, von den homöopathischen Mitteln weniger, von Homöopathen umso mehr zu halten. Ihre Sicht auf den Menschen und die viele Zeit, die sie auf die Diagnose verwenden, versetzt sie in die Lage, sich einen vorzüglichen Zugang auch zu einem an ADS leidenden Menschen zu schaffen. Dieser Heilkundige hatte festgestellt, dass schon bei Säuglingen typische frühe Zeichen einer späteren Aufmerksamkeitsstörung festzustellen seien. Das seien Unruhe und der Drang zum Körperkontakt bei gleichzeitigem Nichtertragen der Nähe. Schon diese kleinen Wesen können unter kaum erträglicher Spannung stehen. In der Folge leidet die ganze Familie mit. Das Kind ist unzufrieden, oft krank und hat häufig Bauchweh, die berühmten Dreimonatskoliken. Manchmal nimmt die mütterliche Beziehung zum Kind dauerhaften Schaden, von der väterlichen ganz zu schweigen.

Die starke Anspannung dieser Kinder führt auch zu einer Verspannung der Muskulatur. Das beginnt möglicherweise schon im Mutterleib. Zumindest hatte der vortragende Homöopath schon bei ganz »neuen« Kindern eine verringerte Abspreizbarkeit der Hüften festgestellt. Jugendliche und Erwachsene zeigen fast regelmäßig eine Verspannung oder Verkürzung der hinteren Streckmuskulatur. Vom Nacken über den Rücken bis zur Wade ist alles zu kurz und zu steif. Das ohnehin oft hölzern wirkende Bewegungsbild wird dadurch nicht besser. Schlimmer ist, dass damit eine Voraussetzung für einen Teufelskreis geschaffen ist. Die Verspannung führt zur Fehlbelastung der Bandscheiben und der Muskulatur: Dieses verursacht Schmerzen, Schmerzen zwingen in eine Schonhaltung mit Anspannen der Rückenmuskulatur, die Schonhaltung führt zur Fehlbelastung. Als Komplikationen können sich Bandscheibenvorfälle, verhakte Wirbelgelenke und eingeklemmte Nerven – im Volksmund »Hexenschuss« – einstellen. Also eine Bereitschaft zu Rückenproblemen und den damit verbundenen Schmerzen ist vorhanden.

Bis hierhin ist dies nichts Besonderes. Wer hätte nicht schon solche Schmerzen gehabt? Spannend ist es, einen ADSler mit solchen Schmerzen zu beobachten. Die innere Unruhe hindert ihn daran, sich zu schonen. Er wird weiterarbeiten, die Miene grimmig, die Laune schlecht: ein Mensch zum Fürchten! Aber nun springt er nicht mehr alle nasenlang von seinem Platz auf. Nun bringt er eine Arbeit zu Ende. Nun ist ein geordnetes Gespräch über ein einzelnes Thema statt über drei gleichzeitig möglich. Die Ablenkbarkeit ist geringer. Es ist paradox. In einem Zustand, der normalerweise arbeitsunfähig macht, steigt die Arbeitsfähigkeit durch das sinkende Chaosniveau. Diesen Mechanismus können Sie nicht nur bei Rückenschmerzen beobachten.

Es hat sich zur Verwunderung der Experten herausgestellt, dass Menschen mit ADS auffallend oft an »idiopathischen Fribromyalgien« leiden. Wenn ich diese mystisch wabernde Nebelwand von einem Begriff erklären darf: Der Doktor müsste sagen: »Dieser Mensch hat Schmerzen im Bewegungsapparat. Weiß der Himmel warum? Keinem von denen, die mit dieser Form von Schmerzen in meiner Sprechstunde waren, habe ich dauerhaft helfen können. Manchen haben die Tabletten, Spritzen und Anwendungen sogar geschadet.« Das will man weder Patienten noch den ärztlichen Kollegen so sagen. Darum suchen sich Mediziner dann so schön nach Hexenzauber klingende Begriffe. Wenn die Sache einen vornehmen Namen hat, muss keiner mehr beim einzelnen Leidenden tiefer nach Ursachen forschen. Außerdem: Zaubersprüche heilen, oder? Die Neigung zu »idiopathischen« Schmerzzuständen haben wir nun gestreift.

Was sagt Ihnen übrigens der Begriff »Hyperkinetisches Syndrom« oder »Aufmerksamkeitsdefizitsyndrom«? Mir signalisiert er die Hilflosigkeit und die Verwirrung derer, die diese Namen gegeben haben. Erst langsam beginnen wir zu verstehen, was dahinter steckt. Wenn ein Mensch unter Druck steht, wird auch sein Immunsystem umgestimmt. Es steigt die Bereitschaft zu Infekten und Allergien. Die häufigen Halsschmerzen, Nasennebenhöhlenentzündungen, Asthma, Darminfekte mit Durchfall usw. zeigen das. Auch solche Erkrankungen wirken, ähnlich wie Schmerzen, refokussierend, wenn auch geringer.

Eine Vermutung ist, dass die ständige Auseinandersetzung mit solchen kleinen Erkrankungen einen Schutz vor lebensbedrohlichen großen Infekten und Tumoren ergibt. Vermutlich kennen Sie einige alte Leute vom folgenden Typ: Das ganze Leben immerzu krank, immer ungeduldig, immer rastlos, stets alles besser wissend, die Umgebung tyrannisierend, immer vom Sterben redend, mittlerweile aber alle »Gesunden« überlebend. Die nervenzehrenden Eigenschaften dieses Schreckens aller Schwiegertöchter passen auch in das Spektrum des ADS.

Eine weitere Beobachtung ist, dass sich die Krankheiten ablösen. Von den vielen Fallbeschreibungen in meinem Zettelkasten zum Problem »ADS und Schmerz« sowie »ADS und psychosomatische Krankheiten« will ich Ihnen nur eine zumuten.

Herr Z. funktioniert durch Schmerz

Herrn Z. habe ich gut gekannt. Er ist ein großer, breitschulteriger Mann. Sein Äußeres gepflegt, seine Stimme gewinnend, sein Auftreten sicher, seine Art charmant, in der Unterhaltung lebhaft, ein guter Erzähler – kurz es schien sich um einen der letzten Gentlemen zu handeln. In seinem Arbeitsfeld zeigte er rastlose Schaffenskraft. Zudem sprudelte er vor überwiegend guten Ideen, von denen er oft mehrere gleichzeitig durchzusetzen versuchte. Im Privaten war er ein zuvorkommender und freigebiger Gastgeber. Es fiel allerdings auf, dass er seine Familie etwas taktlos behandelte. Schlaf hat er kaum gebraucht. Außer zehn Stunden Erwerbsarbeit wollte er alles in Haus und Garten, bis hin zu größeren Umbauten, selbst erledigen. Umgebaut wurde ständig. Ach und dann waren da noch die Vereine und die Lokalprominenz. Kontakte pflegen ist wichtig! All das hat Herr. Z in 20 wachen Stunden pro Tag bewältigt, und zwar gar nicht schlecht.

Nun ja, ganz ohne Brüche war sein Lebensweg nicht. Aufgrund seiner Unrast ist es immer wieder zu Wechseln von Arbeitsstellen und Wohnorten gekommen. Er suchte abenteuerliche Umstände, die er mit Hilfe seiner »schnellen« Intelligenz und Chuzpe bewältigen konnte. Herr Z. verströmte das Gefühl: Die Welt steht mir offen. Dann stieg Herr Z. in die Betriebsleitung auf, führte aber gleichzeitig seine Abteilung weiter. In seinem Bestreben, die Vorstellungen, von denen er erfüllt war, umzusetzen, führte er sich auf wie der Elefant im Porzellanladen. Bald hatte er alle mächtigen Leute zu Feinden; andere benutzten ihn, Freundschaft heuchelnd. Die wenigen verbliebenen Getreuen verprellte er. In den Biographien von Wilhelm II. oder Winston Churchill finden Sie vergleichbare Strukturen, also nichts Besonderes bei ADS!

Herr Z. kam mehr und mehr unter Druck. Zunächst steigerte er die »Schlagzahl«: Noch mehr Arbeit und Ablenkung. Gleichzeitig sprach er häufig unkonzentriert und nuschelig. Im Gespräch konnte er oft nicht folgen. Es misslang ihm häufig, Wichtiges von Nebensächlichem zu unterscheiden. Sinnerfassendes Lesen von Verträgen und Statistiken wurde ihm zum Problem. Dann wurde er immer wieder von einer schweren Migräne gequält. Normalerweise legt man sich bei so schweren Kopfschmerzen bei Dunkelheit und absoluter Ruhe ins Bett.

Nicht so Herr Z.: Der ging arbeiten, leichenblass und unter schweren Schmerzen. Erstaunlicherweise war er nun in der Lage, sich zu organisieren und die wichtigen Dinge zu tun. Zur Freude der Belegschaft konnte er nun die Arbeit besser auf die Mitarbeiter aufteilen. Am allererstaunlichsten war, dass er seine Abteilung nicht mehr als Trümmerfeld in aller Hast für einen ach so wichtigen Termin verließ, reichlich Aufräumarbeit für seine Mitarbeiter hinterlassend. Ganz nebenbei: Seine Schmerzen hinter den Augen waren der zweite Versuch des Körpers, Alarm zu geben. Bis zu einer Operation hatte er ständig Nasennebenhöhlenentzündungen gehabt. Nach dem Missbrauch der Migräne zum Refokussieren hat dann sein Herz angefangen, aus dem Takt zu kommen. Die Rhythmusstörungen haben immer wieder zum Kreislaufkollaps geführt. All die guten Herzmedikamente von hoch qualifizierten Spezialisten konnten nicht helfen.

Das Lebenswerk von Herrn Z. hat sich nach und nach aufgelöst. Seine großen Pläne platzten wie Seifenblasen, – schillernd, aber unbeständig. Ich nehme an, wenn Herr Z. sein Leben in einen guten Takt bekommen hätte, wäre auch sein Herz im Takt geblieben. Voraussetzung für eine wirkungsvolle Behandlung wäre zuerst das Erkennen des hyperkinetischen Zustandes gewesen, dann das Ändern der Lebensumstände und eventuell ein ergänzender Therapieversuch mit Medikamenten. Über das sich gegenseitige Hochschaukeln von Chaosniveau und Erschöpfung sowie die Alarmreaktionen des Körpers sollte man viel mehr wissen.

Was können Sie aus dieser Geschichte lernen? Schmerzen und Krankheit sind zuerst Alarmzeichen, eignen sich aber zum Refokussieren. Das wird dadurch unterstützt, dass es den Schmerz vergessen lässt, wenn man sich in eine spannende Tätigkeit stürzt. Anders hätte Herr Z. seine Migräne nicht ausgehalten. Mit der Hyperfokussierung hat ein Mensch mit ADS Möglichkeiten, Schmerzen zu ertragen, über das Normale hinaus. Nur: Wenn die Beschwerden nicht auch unter dem Gesichtspunkt des Überlastungsalarms behandelt werden, wird es wegen der Folgeschäden gefährlich.

Kaiserin Sissi ist ein sehr bekanntes Beispiel. Sie wegen ihrer Erschöpfung unter dem Vorwand der »Schwindsucht« in einen langen Urlaub zu schicken, war weise. Mit der Fülle psychosomatischer Erkrankungen unter dem Blickwinkel ADS hat sich noch keine Arbeitsgruppe intensiv befasst. Nach und nach erkennt auch die wissenschaftliche Medizin, dass sie dem Menschen nur unter gleichzeitigem Betrachten von Körper und Geist gerecht wird. Schon wird es Standard, zur Behandlung von Durchblutungsstörungen des Herzens psychotherapeutische Verfahren einsetzen. ADS bei Erwachsenen wird ebenfalls zum Thema. Die hier nötige verknüpfende Forschung wird nachgeholt werden. Wir können uns auf einige Überraschungen gefasst machen.

Einige Menschen mit ADS setzen Schmerzen auch gezielt ein. Ein Marathonläufer, der bewusst bis in die Schmerzen hineinläuft, gehört dazu. Wenn er bemerkt, dass er am folgenden Tag mit Muskelkater geistig bessere Leistungen bringt als sonst und entspannter ist, wird er zum Wiederholungstäter. Körperliche Erschöpfung zum Umstimmen der Regelkreise kann gut mit Schmerzen kombiniert werden.

Ja, es ist paradox: Sie finden Menschen mit ADS gehäuft unter Leistungssportlern und unter Kranken. Wozu Mister Churchill wohl gehörte, als er mit gebrochenem Arm Polo spielte?

Da soll sich noch einer auskennen, wenn das alles auf einem gemeinsamen Mechanismus beruhen soll! Und wer hätte einen Herrn Z., einen Mister Churchill oder jemanden mit Fibromyalgien auf ein eventuelles ADS behandeln sollen? Selbst wenn körperlicher Schmerz weniger quält als ein hohes Chaosniveau, angenehm ist er nicht, von den Folgeschäden ganz zu schweigen. Es besteht für die Betroffenen ein beachtlicher Druck, sich in Behandlung zu begeben. Nur zu wem? Diese Art von Beschwerden – halb körperlich, halb seelisch – passen in keine Schublade. Der Psychiater fühlt sich bei körperlichen Problemen nicht zuständig. Der Orthopäde oder Chirurg wird die seelische Ursache möglicherweise ahnen, aber keinesfalls ansprechen. Internisten und Schmerztherapeuten vermögen immer raffinierter zu behandeln, stehen aber bei den Ursachen der Schmerzen achselzuckend da.

Das Schubladendenken und der Zeitmangel der Ärzte werden noch einige Zeit vergehen lassen, bis dieser Patientengruppe wirkungsvoll geholfen werden kann. Wer ist in der Lage so etwas an unseren verknöcherten Universitäten zu lehren?

7. Das Glück

Im siebten Kapitel wird gefragt, ob Glück froh macht.

Mit dem Glück ist es wie mit der Liebe: Jeder will es haben, keiner kann es definieren. Behelfen wir uns, indem wir einige einfach beschreibbare Zustände anschauen. Es soll Menschen geben, die in sich ruhen und das Glück durch tiefe Versenkung in sich selbst erfahren. Selbstzufrieden sitzen sie in einer Ecke, denken und fühlen außer Zufriedenheit nichts. In Asien ist dieser Zustand das Ziel der Meditation.

Es gibt Menschen, die können das nicht. Bei jedem Menschen fährt das dopaminerge System in der Entspannung herunter. Wenn dieses jedoch ohnehin schwach ist, kommt es mangels Dämpfung zu einem wilden Durcheinander im Gehirn. Dieser Zustand ist unerträglich. Was geschieht, wenn es einem ADSler gelungen ist, sich dieser Form des Glücks zu nähern, durfte ich unlängst bei einem Badeurlaub zweier Familien beobachten. Mein Freund C., dem Sie das ADS nicht sofort anmerken würden, reagierte als Erster. In dem Moment, in dem sich allgemeine Entspannung breit machte, ging er an den Strand und sammelte Muscheln, tageweise auch Steine mit einer Intensität, dass er kaum für etwas anderes ansprechbar war. Außerdem kam er vor lauter Unrast nicht in den Schlaf. Man konnte ihn nachts um vier Uhr herumgespenstern hören.

Der halbwüchsige M., auch mit ADS geschlagen, begann aus Langeweile Streit. Ich rutschte binnen einer halben Stunde aus entspanntem Wohlgefühl in üble Melancholie. Für die nicht an ADS leidenden Angehörigen wurde es dann auch schwer, sich zu erholen.

Familienurlaube können anstrengend sein. Wir mussten über zwei Wochen Aggression, Sammelleidenschaft, Unrast und Trauer bekämpfen. Erschwerend kam hinzu, dass M: sich dann kummervoll in sein Bett verkroch und C. in Streit mit seiner Frau geriet. Bei jeder betroffenen Person wechselten sich unterschiedliche Formen des Nicht-entspannt-Seins ab.

Es wurde dann doch ein für alle schöner Urlaub. Wir haben Programm gemacht. Schwimmen, Laufen, Radfahren für die »Verrückten« waren ein Teil der Maßnahme. Kartenspielen, gemeinsames Kochen, Ausflüge und Einkaufen der andere Teil. Die nicht von Melancholie oder Unrast betroffenen Ehefrauen und Kinder genossen es, ein wenig Ruhe zu haben, wenn die anstrengende Gesellschaft unterwegs war. Umso schöner waren die gemeinsamen Stunden, wenn die Bande müde, aber gesellschaftsfähig zurückkam. Offensichtlich ist die entspannte Form des Glücks nicht für jedermann erreichbar.

Wenn Sie sich bei Leuten mit ADS umhören, bekommen Sie Antworten auf die Frage, was diese stunden- oder tageweise froh macht. Ganz oben auf der Hitliste steht guter Sex. Das hat seine Tücken, doch davon später. Danach kommen Sport und Spiel. Spielen, sei es mit Karten oder an Automaten oder Computern, ist wegen des Wechsels von Anspannung und kurzer Euphorie wirksam zum Hochregulieren des dopaminergen Systems. Dazu kommt die Begeisterung, die als angenehm empfundene Konzentration oder »Hyperfokussierung«. Spielen kann süchtig machen. Kein Wunder: Wie alle anderen refokussierenden Maßnahmen entgleitet es schnell der Kontrolle. Ich kenne mehr als einen Mann (erstaunlicherweise keine Frau) mit ADS, der seine Glücksmomente im Schachspiel findet. Lange Partien mit langweiligen Gegnern werden häufig durch Flüchtigkeitsfehler im fortgeschrittenen Mittelspiel verloren. Mit Wonne werden Blitzpartien gespielt. Assoziativer Denkstil und rasende Denkgeschwindigkeit gepaart mit der nötigen Spannung sind Garanten des Erfolgs.

Als weitere Punkte werden Sammeln und Puzzeln sowie Basteln genannt: »Herumprüddeln« macht glücklich. Idealerweise sollten keine anderen Menschen dabei sein: Gefangen von dem Hobby ist eine Unterhaltung nicht leicht.

Wenn es aber gelingt, einen Gleichgesinnten mit der gleichen Denkstruktur und Geschwindigkeit zu finden, geht die Post ab. Albert Einstein hat seinerzeit eine Tugend daraus gemacht und als Student eine rasante Diskussionsrunde gegründet.

Gern wird gefahren, aber bitte schnell, egal ob mit Flugzeug, Ski oder auf Rädern. Auto- und Motorradfahren fordern, besonders bei riskanter Fahrweise, die gleichen Fähigkeiten wie Blitzschach und sind entsprechend beliebt. Erstaunlich ist dabei, dass Menschen, die so viele Probleme damit haben, sich neue Bewegungsabläufe anzueignen, derartig instinktsicher und mit denkbar kurzen Reaktionszeiten fahren. Als ob sie die Gefahr spüren, bevor sie zu sehen ist. Quervernetztes Denken mit Kurzschlüssen bringt ein frühzeitiges Erkennen von Gefahren und verkürzt die Reaktionszeit. Die Impulsivität lässt rasch handeln. Was im Laborversuch als Nachteil wirkt, weil ein Sich-Umentschließen länger dauert als bei anderen Menschen, ist im Gefecht des Straßenverkehrs ein Vorteil.

Leider müssen diese Fertigkeiten erst geübt werden. Unfälle sind die häufigste Todesursache junger ADSler. Was mich angeht: Einige Stunden Motorrad fahren, ist die wirkungsvollste und beglückendste Therapie eines ausufernden Chaosniveaus. Die Angst sitzt dabei auf dem Soziusplatz und wirkt heilend mit.

Musik führt vermutlich zur befreiendsten Form des Glücks. Vielen Menschen mit ADS ist diese Gnade allerdings verschlossen. Konzentrationsschwäche und Überforderung durch den offenen Reizfilter können verhindern, dass sich in der Kindheit Musikalität entwickelt. Frei nach Wilhelm Busch wird Musik als störend empfunden, weil sie mit Lärm verbunden ist. Musizieren kann, weil begeisternd, zum Selbstläufer werden. Die nötigen Lernprozesse müssen frühzeitig angestoßen werden. Manfred Spitzer hat in seinem Buch »Musik im Kopf« einiges Lesenswertes dazu geschrieben. Sie können sich auch mit Mozart beschäftigen und der unausgesprochenen Devise »Musik oder Tod«.

Das Erreichen des Glücks durch echte Entspannungstechniken

und Meditation bleibt verschlossen. Die Wenigen, die mir berichtet haben, sie seien damit erfolgreich, haben bei weiterem Nachhaken weniger von echter Entspannung als von Hyperfokussierung berichtet. Es hörte sich an, als würde über einen geistigen Marathonlauf erzählt. Andernfalls wäre auch an der Diagnose ADS zu zweifeln.

Sie merken, alles im Leben eines ADSlers ist mühsam. Das Glück ist auf die Dauer anstrengender als Schmerz oder Gefahr. Erlösungsphantasien, oft als Selbstmordgedanken, können Sie von den meisten Betroffenen hören, wenn Sie nur geschickt genug fragen.

Hermann Hesse hat im »Siddhartha« einen Weg zur Überwindung der flüchtigen Ablenkungen in die Freiheit beschrieben, wohl wissend, dass der letzte Schritt ihm persönlich verwehrt ist. Die Sehnsucht danach fühlt der Leser von der ersten bis zur letzten Zeile. Das Eingehen in das Nirwana hat freilich einen fauligen Beigeschmack von Suizid. Mich stößt das ebenso ab, wie es mich fasziniert. Seine Bücher »Steppenwolf« und »Glasperlenspiel« weisen in die gleiche Richtung, mal ohne, mal mit Happy End. Musik erscheint in Hermann Hesses Büchern als Königsweg zum Glück. Immer wieder spricht er von Mozart. Im »Glasperlenspiel« fügt Musik die zerrissene Welt als harmonische Einheit zusammen.

Heilung, Erlösung aus der Hölle, verzehrender Unrast durch Musik. Was für eine Vision!

8. Die Verliebtheit

Im achten Kapitel fragen wir uns, was die Verliebtheit mit dem Dreiklang Gedanken, Emotion und Motivation zu schaffen hat.

Das Gras ist grün, die Luft ist lau, wie Schiffe ziehen weiße Wolken über den blauen Himmel, im Bauch tanzen Schmetterlinge. Ach, verliebt sein im Mittsommer!

Verhaltensbiologie

Fangen wir wieder einmal vor Adam und Eva an. Wo hat das Verliebtsein einen biologischen Nutzen? Sicherlich nicht in dem Schwelgen in romantischen Erinnerungen. Es tut mir Leid, die Wirklichkeit ist nüchterner: Beim Menschen ist die Bindung eines Paares aneinander sehr eng. Aus gutem Grund, kein Wesen sonst muss so viele lange Jahre intensiv mit der Aufzucht und der Erziehung der Jungen verbringen. Das geht in der Not nur gemeinsam. Not und Elend hat es in der Geschichte in fast jeder Generation gegeben. Entsprechend schwer und schmerzhaft sind Trennungen in einer Paarbeziehung. Noch enger sind die Kinder an die Eltern gebunden. Ein Kind unter zwölf Jahren ist heute noch nicht in der Lage, ohne Beistand zu überleben.

Wenn jemand eine Paarbindung eingeht, kann er zunächst nicht wissen, worauf er sich einlässt. Brutale Kerle hat es immer schon gegeben, zanksüchtige Weiber nicht weniger. An wen man geraten ist, merkt man erst später. Zu Anfang sind alle brav. Nur natürlich ist, dass es eine kräftige Sperre gegen das Verlassen bestehender und das Aufbauen beliebiger neuer Beziehungen gibt. Wie gut diese funktioniert, können Sie an einigen alt gewordenen Junggesellen sehen, die noch bei ihren Müttern leben. In langen Zeiten der Geschichte und in vielen Ländern auch heute noch können sich die jungen Leute das Eingehen einer Ehe gar nicht leisten. Auch bloßer Sex ohne Paarbindung ist dort unvernünftig. Täglich satt zu werden, ist schon mehr als anstrengend, oft unmöglich. Immer noch verhungern viele Säuglinge an der Brust der ausgemergelten Mutter. Kurzum, Verstand und Gefühl wehren sich, viele Eltern auch. »Lass die Finger davon. Willst du dem Mädchen (wahlweise Jungen) hinterherlaufen, nur weil es einen Rock trägt (wahlweise Hose)!«

Wenn es um den Einspruch der Eltern geht, lächeln Völkerkundler und Biologe, gemeinsam wissend: »Kein Wunder: Wenn das Kind aus dem Haus geht, ist die Versorgung der Eltern und junger

Geschwister gefährdet.« Zur Kompensation wurde die Mitgift erfunden, aber im heutigen Sozialstaat als überflüssig empfunden und fallen gelassen. Keine Sorge, sie wird wieder kommen!

Verhaltensbiologen haben sich ausführlich mit diesem Thema beschäftigt. Im fernen Afrika leben in dornig kargen Steppen Schleichkatzen, die Erdmännchen. Sie kämpfen mit denselben Bedingungen, unter denen sich die Menschheit entwickelt haben soll. Landschaft, Gefahren und Ernährung sind vergleichbar mit Lage der Menschen in ihrer Zeit als Jäger und Sammler. Die Notwendigkeit, in dieser feindlichen Umgebung die Kinder großzuziehen, sorgt für die engen Familienbande. Genau wie bei den Menschen besteht eine lebenslange Ehe. Die älteren Kinder helfen langjährig, die kleinen Geschwister großzuziehen. Der Zusammenhalt in der Gruppe ist ähnlich wie in einer funktionierenden menschlichen Großfamilie. Viele Verhaltensweisen sind den menschlichen ähnlicher als die unserer nächsten Verwandten, der Schimpansen. Anschaulich beschrieben ist das bei Anne E. Rasa in ihrem Buch »Die perfekte Familie«.

Der Gemeinsamkeiten mit uns Menschen sind so groß, dass Sie erschrecken könnten. Der Biologe nennt das Entwickeln gleicher Merkmale durch eine gleiche Umgebung »Konvergenz«. Die Verhaltensforscher sahen sich gezwungen, diese Tiere wie Menschen zu beschreiben, um ihnen gerecht zu werden. Dieses Verfahren ist in der Wissenschaft unüblich. Selbst Menschen werden nach der heutigen wissenschaftlichen Mode wie Dinge betrachtet, um angemessen objektiv zu wirken. Wer das tut, wird dadurch leider nicht unvoreingenommener. Er geht stattdessen an wesentlichen Eigenschaften, die einen Menschen ausmachen, vorbei. Auch wenn wir viel von den Erdmännchen über uns selbst lernen dürfen: Ob sie sich verlieben können? Und wenn, was empfinden sie dabei? – Lassen wir es offen!

Nüsse knacken

Ihnen wie mir ist bekannt, dass trotz allem junge Menschen zueinander finden und Kinder geboren werden. In der menschlichen Natur existiert ein »Nussknacker«, der unter definierten Bedingungen das Verschlossensein öffnet wie eine Walnuss. Einer seiner beiden Hebel ist die Begierde. Forscher wollen herausgefunden haben, wer, wann, wie und wodurch Lust auslöst. Ein Glück, dass die wenigsten von uns die Forschungsergebnisse kennen und sich entsprechend nicht daran halten. Auch Sie und ich haben also eine Chance, begehrlich angeschaut zu werden. Zur Lust später mehr.

Der zweite Hebel ist die Verliebtheit. Bevor ich das Programm, das sich bei der Verliebtheit abspult, beschreibe, ist zuerst zu klären: Wann und unter welchen Bedingungen sind die Voraussetzungen für die »Schmetterlinge im Bauch« geschaffen? Wenn wir wieder nach den biologischen Notwendigkeiten fragen, kommen wir auf die richtige Spur. Der Reiz zum Auslösen der Lust ist ein attraktives Gegenüber. Der Reiz zum Auslösen der Verliebtheit ist die Krise. So einfach? So einfach! Biologisch gesehen geht es zunächst gar nicht um das Objekt der Verliebtheit. Der Sinn ist, die Fähigkeit zur Bindung an einen fremden Menschen herzustellen. Die ideale Basis ist die Krise in der Beziehung zwischen dem Kind und seinen Eltern, die Pubertät. Es darf auch der Verlust eines Angehörigen, egal ob durch Tod oder Scheidung, sein. Auch Not und Krieg sind eine Grundlage, mit dem Sinn, dass Kinder in die beginnenden fetten Jahre hineingeboren werden können. Jedwede schwere persönliche Krise bietet einen möglichen Auslöser.

Es wäre ohne weiteres möglich, unter dem Aspekt wie die Menschheit mit der Verliebtheit umgegangen ist, eine Kulturgeschichte zu schreiben. Große Liebesromane aller Zeiten leben von der Spannung zwischen der Naturgewalt der Verliebtheit und den kulturellen Gesetzmäßigkeiten. Sie können daraufhin die Geschichten aus »1001 Nacht« ebenso überprüfen wie isländische Skaldensagas, beide sind

1000 Jahre alt. Wie in der Menschheitsgeschichte im Großen siegt die Verliebtheit auch im Kleinen. Die Menschen werden auch aus diesem Grund mehr und mehr. Instinktiv enge Familienbindungen und vorprogrammiertes Aufbrechen derselben funktionieren unabhängig von der Kultur, werden aber unterschiedlich »eingekleidet«.

Weil sie für das Überleben der Art so wichtig ist, muss die Verliebtheit bei dem Großteil der Bevölkerung funktionieren. »Die Leiden des jungen Werther« von Goethe sind deshalb ein Kassenschlager gewesen. Fast jeder hat sich wiederfinden können. Dieses Buch hat den offenen Umgang mit der Verliebtheit in unserer heutigen westlichen Kultur mit verursacht. Der Verliebte bündelt all seine Triebe. Er ordnet seine Gedanken, seine ganze Persönlichkeit einem Ziel unter, der Gemeinschaft mit dem Objekt der Begierde. Fast sämtliche Emotionen werden bedient. Euphorie, Kummer, tiefe Trauer und Aggression werden frei. Die Stimmungen wechseln rasant. Es werden Kräfte freigesetzt, von denen zuvor niemand etwas geahnt hätte. Hunger und Müdigkeit, Gefahr und Entbehrung werden unwichtig. Ein solcher kräftezehrender Ausnahmezustand ist von der Natur nur für eine geringe Zahl von Gelegenheiten vorgesehen.

Nun rudern wir in den Strom des Generalthemas zurück. Geht es Ihnen wie mir: Spüren Sie auch die Nähe der Hyperfokussierung, der Verliebtheit in ein Thema zu der Verliebtheit in einen Menschen? Wenn Sie keinen Zugang zu ADS haben, versuchen Sie diesen: Verliebtheit ist dort ein Dauerzustand, nicht immer in einen Menschen. Es kann auch Verliebtheit in eine Aufgabe sein. Zum Dauerzustand werden beim Menschen mit ADS auch die ständig und unberechenbar schwankenden Gefühle: himmelhoch jauchzend und zu Tode betrübt.

Verliebtheit in das vorgesehene Objekt, einen anderen Menschen, ist die refokussierende Maßnahme an sich. Das gesamte Ich wird auf ein Ziel hin gebündelt. Endlich, endlich wird der sonst auseinander strebende Dreiklang zwischen Gedanken, Emotionen und Motivation hergestellt. Dass dieser Dreiklang jedoch nicht funktioniert, ist das eigentliche Problem bei ADS. Verliebt zu sein hat daher etwas Erlösendes. Gleichzeitig verliert der Betroffene die Steuerungsmöglichkeit weit über das normale Maß hinaus. Die Verliebtheit wird von dem bei ADS orientierungslosen Gehirn lange Zeit, oft über Jahre, als Kompass missbraucht. Wegen der äußersten Anspannung aller Gefühle ist der Druck übergroß, die Anstrengung bleischwer. Manch einer sieht den Selbstmord als einzigen Ausweg.

Menschen mit ADS geraten häufig in existenziell empfundene Krisen. Jedes Mal besteht dann die Gefahr, dass das biologische Programm »Verliebtheit« ausgelöst wird. Das zuvor vorhandene Problem wird nun durch ein wirklich großes zugedeckt. Am Ende ist der Scherbenhaufen kaum zu beseitigen. Es sei die obligate Einschränkung gemacht: Nicht jeder mit ADS wird liebeskrank, aber viele. Nicht jeden trifft es so schwer, aber erschreckend viele. Schauen wir die andere Seite an: Wer steht diesen Liebesbriefen ausgeliefert gegenüber? Oft hat er auch ADS; andere Menschen werden schnell als dumm oder langweilig empfunden. Wie fühlen Sie sich, wenn sie 10 Briefe und 20 Telefonanrufe in fünf Tagen erhalten? Ständig haben Sie das Gefühl: Gleich steht er oder sie wieder vor der Tür. Auf der Straße fangen Sie an, sich unwillkürlich umzuschauen. In den Himmel gehoben, aber verfolgt. Was würden Sie tun? Sie sollten all diese Offerten drastisch abwimmeln. Wie in der Erziehung ADS-betroffener Kinder gilt: Sobald sich ein Gefühl hochschaukelt, sofort trennen!

Es gibt auch Menschen, die nutzen den Liebeskranken nach Strich und Faden aus, sei es sexuell oder finanziell. Andere lassen ihn gewähren, weil sie sich geschmeichelt fühlen. Letzteres führt Goethes Werther in den Untergang. Schon aus Gründen der Verschwiegenheit möchte ich keine Zitate aus der Selbsthilfegruppe bringen. Soviel sei verraten: Mehr als ein Lebenslauf dort wurde durch eine Verliebtheit krankhaften Ausmaßes stark beschädigt. Von der Angst, sich zu verlieben und wieder Jahre des Lebens zu verlieren, ist oft die Rede.

9. Die Angst

Im neunten Kapitel gebiert Angst wiederum Angst.

Wenn wir keine Angst kennen würden, wären wir alle tot. Wir würden, statt mit dem Fahrstuhl umständlich aus dem obersten Stock des Hochhauses herunterzufahren, einfach die Abkürzung durch das Fenster nehmen. Die Aussicht wäre dann auch besser. Millionen von Menschen haben schon einmal diesen Gedanken gehabt. Niemand tut es. Selbst bei kleinen Kindern handelt es sich, wenn sie es tun, um Unfälle. Es mangelt ihnen nicht an Angst, sondern an Umsicht.

Damit die Angst ihre rettende Funktion erfüllen kann, müssen mehrere Bedingungen vorhanden sein. Zunächst muss die Angst als Emotion so stark sein, dass sie in sehr gefährlichen Lagen uneingeschränkt das Sagen hat. Als zweites ist wichtig, dass über die Gefahr Erkenntnis besteht. Für so einfache »Fallen« wie die große Höhe wird das über Instinkte geregelt.

Genauso verhält es sich auch bei der ersten Angst, die ein Mensch hat. Mit der Geburt kommt auch die Angst zur Welt, die Mutter zu verlieren. Wenn Sie ein Baby verzweifelt nach seiner Mutter schreien hören, nehmen Sie (seien Sie ehrlich!) Todesangst wahr. Deshalb ist diese Tonlage auch so nervenzerfetzend. Biologisch ist dieses beim Kind und dem Zuhörer automatisch ablaufende Programm sinnvoll. Ohne Wärme, Nahrung und Schutz beträgt die Lebenserwartung eines Säuglings nur Minuten. Das sichere und mollige Kinderbettchen ist im genetischen Programm noch nicht gespeichert.

Die Angst des Kindes macht die Mutter verrückt

Was geschieht, wenn das Kleine eine Impulsstörung hat, die sich auf die Angst auswirkt, haben Sie schon einmal erlebt. Dieses Baby wird aus nichtigem Anlass schon Sekunden, nachdem die Mutter weg ist, in Höllenpein sein und sich entsprechend bemerkbar machen. So ein Schreikind kann seine Mutter »weichkochen«. Nehmen wir an, der Säugling wäre auch noch berührungsempfindlich und kitzelig, wie es bei ADS häufig der Fall ist. Er würde dann in panisches Geschrei ausbrechen, wenn die Mutter ihn nicht am Körper trägt. Sobald er Körperkontakt hat, sozusagen gerettet ist, würde er sich mit unwilligem Quäken beschweren. Was geschieht, wenn die Mutter impulsiv und leicht reizbar ist mit solch einem Kind? Sie ist damit 24 Stunden am Tag zusammen und bekommt kaum Schlaf. Da werden auch starke Naturen schwach.

Obwohl sie ihn mehr liebt als alles andere auf der Welt, wird sie ihren Augenstern aufnehmen, vor sich halten, ihm in die Augen schauen, ihn dann verzweifelt schütteln und rufen: »Hör doch endlich auf zu schreien!« »Kann doch mal passieren. Macht doch nichts!«, sagen Sie. Leider ist dem nicht so. Dieses Schütteln kann eine Blutung im Kopf des Säuglings auslösen. Es ist lebensgefährlich. Der hier beschriebene Mechanismus ist nicht selten. Mindestens gehört die dadurch verursachte Gehirnverletzung zum Alltagsgeschäft jeder größeren kinderheilkundlichen Krankenhausabteilung. Vielen Müttern bleibt zum Selbstschutz nichts anderes, als solch ein Kind immer wieder schreiend liegen zu lassen. Manche verlieren sogar ihre liebevolle Beziehung zum Kleinen. Immer wieder erst herbeigeschrien und dann abgelehnt zu werden, geht über die seelischen Kräfte.

Nun ist bekannt, dass in den ersten drei Lebensjahren das Gehirn eine Großbaustelle ist. Eine Unmenge von Verbindungen und Regelkreisen wird aufgebaut. Die Informationen aus der Umgebung werden hierzu genutzt. Was in dieser Zeit geschieht, ist prägend für den gesamten Rest des Lebens. Nicht jedes Schreikind besitzt das Erbgut eines ADSlers. Wenn es aber diese Anlage hat und man lässt es sich immer wieder »einschreien«, geschieht Folgendes: Der wiederkehrende Erregungszustand schleift sich ein. Das Muster wird in das Gehirn eingebrannt. Es wird für den Rest des Lebens bestimmend bleiben. Die Impulsstörung durch das ADS geht dann Hand in Hand mit der frühkindlich erlernten und dann in feste Nervenbahnen zementierten Neigung zu sich aufschaukelnder Erregung.

Mit zunehmendem Alter des Kleinen wird die Angst immer stärker von Wut verdrängt. Auch diese schaukelt sich in der gehabten Weise auf. Das geht fließend ineinander über. Vor meinem geistigen Auge sehe ich den kleinen U. in seinem Laufställchen stehen, das Gesicht puterrot vor Zorn, mit der Lautstärke eines Fanfarenzuges schreiend. Wenn es sein musste (und er musste täglich), brüllte er stundenlang und zum Ärgernis der gesamten Nachbarschaft. Dieser ungünstige Lernprozess geht im Kindergarten und in der Schule weiter.

Am Ende der Entwicklung steht ein Mensch, der günstigenfalls den Großteil seiner Energie für die Selbstkontrolle verschwenden muss. Er steht bei dem kleinsten Ärger unter kaum ertragbarem Druck. Im ungünstigen Fall wird er zu einem sozialen Krüppel und zur Gefahr für seine Umgebung.

Wir können, lieber Leser, an dieser Stelle den Bogen zum Abschnitt über die Verliebtheit schlagen. Es gibt eine direkte Verbindung aus der Wiege über die »Herzensangst« Werthers in der Schule zu dem Erregungszustand am Ende seines Lebens. Wir können einen weiteren Bogen zum Abschnitt über den Schmerz und die Erkrankungen schlagen, die durch großen inneren Druck entstehen. Sie ist da, die Verbindung vom schreienden Baby zum invalide machenden Leiden des Erwachsenen. Einen weiteren Bogen können wir schlagen zu den oft vergeblichen Bemühungen der Betroffenen, ihre Verhaltensweisen zu ändern. Bei so fest eingebrannten Veränderungen (mit im Kindesalter aufgebauten, in Nervenbahnen festgelegten Erregungskreisen) wird selbst mit professioneller Hilfe an diesen nur mühsam zu arbeiten sein. Alles, was dann bleibt, ist mit dem Übel leben zu lernen. Immerhin, das wäre schon sehr viel!

Zum Glück ist nicht jedes Kind mit ADS ein Schreikind. Sie sind es aber *häufig*, da besteht Einigkeit unter Kinderärzten. Die Familien benötigen Hilfe. Im Zeitalter der von Politik und Wirtschaft geforderten »grenzenlosen Mobilität« sind die Oma oder die beste Freundin nicht vor Ort. Wieder finden wir einen Grund, warum sich derzeit ADS besonders bemerkbar macht. Noch einmal: Kinder, die schreien, fühlen sich in Not. Sie müssen getröstet werden, um Schlimmes zu verhindern. Das gilt immer, besonders aber, wenn ADS im Raume steht. Lasst die Mütter nicht alleine! Der Mensch hat über Millionen von Jahren in der Großfamilie gelebt. Wir sind nicht dazu gebaut, ohne einen sozialen Verbund mit so etwas Anstrengendem wie einem Menschenkind fertig zu werden. Es geht schon gar nicht, wenn Mutter oder Kind (oft beide!) ADS haben.

Eine Studie zu ADS und Angst

Nun habe ich Ihnen vom unguten Zusammenwirken des ADS mit der Angst beim Säugling und Kleinkind berichtet. Diese Schreikinder sind kaum auf der Welt und schon denkbar unglücklich. Der Mensch wird älter und kommt in die Schule. Die Amerikaner haben in einer größeren Studie herausgefunden, dass etwa ein Drittel der Schulkinder mit ADS eine zusätzliche Angststörung aufwiesen (vgl. die MTA-Studie: 34 % mit Angststörung als Komorbidität). Diese Kinder, die Ängste aus nichtigem Anlass oder in unverhältnismäßiger Stärke hatten, verloren diese bei einer Behandlung mit Methylphenidat. Ja, es ging ihnen nach einigen Monaten Therapie, trotz des Zusatzproblems vorher, nicht schlechter als den Kindern mit »nur« ADS. Das ist ein Hinweis darauf, das die Angst dieser Kinder, auch wenn sie vom Betroffenen nicht steuerbar ist, in erster Linie eine refokussierende Maßnahme ist.

Ein weiteres Ergebnis dieser Untersuchung war, dass eine gute Behandlung mit Stimulantien einer ausschließlich durchgeführten Psychotherapie deutlich überlegen war. Ganz am Rande bemerkt: In Deutschland ist man aus guten Gründen der Meinung, das eine tun zu müssen, ohne das andere lassen zu dürfen. Bei ADS ist eine gute Behandlung mit Medikamenten die ideale Voraussetzung für eine erfolgreiche Psychotherapie. Besonders bei Erwachsenen dürfte das ein Erfolg versprechendes Konzept sein. Der Therapeut sollte dafür viel Erfahrung mit ADS haben und eng mit Kollegen, etwa in einem Qualitätszirkel, zusammenarbeiten. Wunder kann man nicht erwarten, bleibt doch das ADS selbst erhalten.

Warum Angst?

Was führt einen Menschen mit ADS über das Säuglingsalter hinaus in Ängste, unabhängig davon, dass sie später zum Refokussieren eingesetzt werden?

Zunächst ist da die Wahrnehmungsstörung. Vertieft in seine Träumerei, bekommt der ADSler nicht alles mit. Der offene Reizfilter sorgt dafür, dass er von dem, was dennoch oben ankommt, eine bunte und unzusammenhängende Mischung präsentiert bekommt. Es wundert wenig, dass der Gesamteindruck beängstigend ist. Das, was bei der Informationsverarbeitung herauskommt, steht oft im Widerspruch zur Realität. Klare, eindeutige Verhältnisse sind bei jedermann das beste Mittel, eine ungerechtfertigte Angst nicht aufkommen zu lassen. Klare Verhältnisse sind aber als Resultat einer defekten Aufnahme und Verarbeitung von Eindrücken unmöglich.

Der Mensch mit ADS fühlt sich im Alltag so, wie Sie sich im dichten, gespenstisch wabernden Nebel fühlen. Ab und zu tauchen Formen auf, die zunächst wie Menschen oder gefährliche Tiere wirken. Am Ende sind es Büsche oder Baumstümpfe. Der Verstand sagt Ihnen: Nirgendwo sind Sie so sicher wie draußen im dichten Nebel. Kein übler Geselle wird Sie sehen können. Angst haben Sie (zumindest wenn Sie nicht sehr oft in dieser Situation waren) dennoch. Im Nebel tappt ein Mensch mit ADS unentwegt umher, schon sobald er auf eine belebte Straße geht. So fühlt er sich auch, wenn er im Kaufhaus umherirrt. So ist ihm zumute, wenn er in der lauten Schulklasse sitzt oder wenn er zu Besuch ist und das Fernsehen nebenbei läuft … Die derzeitige westliche Welt ist kein Gesundbrunnen für Menschen mit einer Wahrnehmungsstörung.

Wenn ein solches Sammelsurium an Eindrücken und Trugschlüssen weiterverarbeitet wird, geht der Unsinn weiter. Die zerrissene Denkstruktur mit kreisenden Gedanken an verschiedenen Stellen ist Gewähr dafür, dass die einlaufenden Daten falsch sortiert werden.

Das ist eine Katastrophe! Eine schlechte Datenlage, dann auch noch schlecht analysiert, führt im Ergebnis zu unsinnigen Handlungsempfehlungen. Ähnlichkeiten mit militärischen Abenteuern der USA durch ein Zusammenwirken schlechter Geheimdienstarbeit mit dilettantischer politischer Analyse sind nicht zufällig. Die Emotionen (dieses entwicklungsgeschichtlich alte System der Handlungssteuerung) sind selbstverständlich mit betroffen. Das zu verhindern, Ordnung in einer komplexen Welt zu schaffen, ist an sich die Hauptaufgabe unseres riesigen Gehirns. Ein Durcheinander dort ist wirklich zum Fürchten.

Machen Sie beim nächsten Einkauf einen harmlosen Test: Gehen Sie mit einem Freund, der ADS hat, zwei Stunden in ein großes Kaufhaus und verabreden sich dann »in einer halben Stunde in der Cafeteria«. Dann verschwinden Sie und beschatten ihren Probanden. Aller Wahrscheinlichkeit nach wird er sich verlaufen und mit wirrem Blick durch die Glitzerwelt tappen. Nur mit viel Glück kommt er pünktlich. Zu Hause angelangt, wird er recht erschöpft sein. Ich bin sicher, Sie können sich nun in seine Erlebniswelt einfühlen. Sie an seiner Stelle würden es mit der Angst bekommen.

Es kommt aber noch mehr dazu. Die Impulsstörung sorgt dafür, dass Gefühle aus geringem Anlass in unverhältnismäßiger Stärke ausbrechen können. Von der Gefahr eines Aufschaukelns haben wir schon an anderer Stelle gesprochen. Wegen der vielen kleinen Taktlosigkeiten, die ein Mensch mit ADS begeht, wird er oft schon als Kind ausgegrenzt. Die harschen Reaktionen seiner Umgebung kann er nicht in Einklang bringen mit seinem Verhalten. Andere Menschen werden dann als bedrohlich empfunden. Am Ende erfolgen ängstliche oder aggressive Reaktionen an unpassender Stelle. Die Spielkameraden oder Lehrer strafen das im Regelfall ab. Es setzt sich ein Teufelskreis in Gang.

Angst wird immer mehr zum bestimmenden Element. Besonders die damit geschlagenen Mädchen neigen dazu, sich in eine Ecke zu verkriechen, um ja nicht aufzufallen. Dort sitzen sie, gefangen in ihren Tagträumen, und hoffen auf den Prinzen, der sie erlöst. Die Diagnose ADS wird nie gestellt, wie das ganze Leben zieht auch diese an ihnen vorbei. Die Erkenntnis, also die Diagnose, ist der erste Schritt zur Hilfe. Bei den Buben ist häufiger eine Verquickung mit Wut zu sehen. Diese Knaben zu übersehen ist nicht möglich. Sie sind immer da, wo das Geschrei am größten ist.

Dazu kommt: Die Angst hat die Tendenz, sich zu verselbstständigen. Sie ist dann so bestimmend, dass sie die Impulssteuerung auf ein vernünftiges Niveau hochstellt. Vornehmer ausgedrückt: Wegen des nun höheren Tonus im dopaminergen und adrenergen Hirnstoffwechsel wird der Reizfilter enger, die Gedankenführung eindeutiger und die Motivation gerichtet. Der sonstige Mischmasch an Emotionen wird ersetzt, eben durch die Angst. Diese wird zum Selbstläufer. Mit Medikamenten ist die Impulsstörung zeitweilig behebbar, nebenbei verschwindet die Angststörung. Wenn beim Kind dadurch das weitere Einüben der Angstspirale unterbunden wird, hat das eine heilende Wirkung bis in das Erwachsenenalter hinein. Genau hier ist auch der gemeinsame Ansatz der medikamentösen mit der Verhaltenstherapie zu finden.

Wer hat ADS und deshalb keine Angst?

Sie wenden zu Recht ein: Erst von einem Drittel Angstbetroffener zu sprechen, um anschließend so zu tun, als ob ein jeder mit ADS darunter leiden müsse, ist unlogisch. Es gibt Gründe, warum nicht alle eine Angststörung entwickeln. Arbeiten wir sie der Reihe nach ab.

- Ein Kind mit motorischer Hyperaktivität ist so in sein hektisches Spiel vertieft, dass ihm keine Zeit zum Fürchten bleibt. Tatsächlich besteht eine schwere Störung des Angstgefühls. Zu wenig davon ist lebensgefährlich. Man kann kaum zusehen, mit welcher Unbekümmertheit sich solche Kinder in haarsträubende Situationen begeben. Kleinkinder klettern gerne mehrere Meter in die Höhe, zum Beispiel auf einem Turm von Möbeln. Schmerzhafte Erfahrungen bremsen sie keineswegs. Später werden Fahrzeuge aller Art mit Wonne waghalsig missbraucht. Dieses Verhalten bleibt bis in das Erwachsenenalter. Das Risiko, schwere, auch tödliche Verletzungen davonzutragen, ist groß. Mütter hyperaktiver Kinder berichten immer wieder: »In der chirurgischen Ambulanz kennt uns mittlerweile jeder, bis hin zur Putzfrau.« In der Altersklasse bis zu 25 Jahren sind Unfälle ohnehin das Hauptrisiko, zu Tode zu kommen. Bei ADS mit Hyperaktivität ist das Risiko noch deutlich größer. Manche überbehütend wirkende Mutter solcher Kinder ist einfach nur realistisch.
- Schon Kinder können geistig hyperaktiv sein. Wenn diese in ihren Träumen vollständig gefangen sind, nehmen sie so wenig von ihrer Umgebung wahr, dass sie noch nicht einmal Grund zur Angst haben. Diese Kleinen (oft sind es Mädchen) sitzen still und unauffällig in der Ecke und fallen niemandem auf. Wenn sich überhaupt wer um diese Kinder kümmert, ist es für ihn schwer festzustellen, ob sie aus Angst oder Eingesponnenheit in ihre Träume dort sitzen. Wenn solch ein Kind wenigstens ängstlich

weinend auf sich aufmerksam machen würde, gäbe es Anlass, es aus seiner sozialen Isolation zu holen. Andernfalls werden die Defekte durch fehlende Lernprozesse im Zwischenmenschlichen dieses Kind ein Leben lang behindern. Aus der experimentellen Verhaltenslehre wissen wir, dass soziale Verhaltensweisen in prägenden Phasen erlernt werden. Was in diesen versäumt wird, ist nicht mehr nachholbar. Diese Erkenntnisse wurden an Tieren gewonnen. Sie sind aber auf Menschen übertragbar. »Was Hänschen nicht lernt, lernt Hans nimmermehr!«, so beschreibt es der Volksmund. Der körperlich Hyperaktive wird wenigstens wahrgenommen. Er bekommt eine Chance.

- Starke Emotionen anderer Art sind in der Lage, die Angst weitgehend zu unterdrücken. In der Studie wird angegeben, dass es auch depressive Teilnehmer gegeben hat. Interessanterweise war nur bei 4 % der untersuchten Kinder die Depression bestimmend. Jugendliche sind schon häufiger traurig, nach ihren Erfahrungen durchaus aus gutem Grund. Bei Erwachsenen wird geschätzt, dass etwa ein Drittel ständig oder häufig traurig verstimmt ist. Offenbar haben diese Menschen dazugelernt, aber leider nicht das, was man wirklich lernen will. Einige Kinder werden beides gehabt haben: traurig gefärbte Ängstlichkeit in von Tag zu Tag wechselnden Anteilen.
- Ganz wichtig ist, dass eine weitgehende Erschöpfung zu müde für Gefühle aller Art macht. Schon im Kindesalter ist »müde« oder »ausgebrannt« der zweite Name vieler Leute mit ADS. In diesem Zustand ist das Gesicht mürrisch und stumpf. Im Gespräch sind kaum Gefühlsregungen erkennbar. Angehörige können es aber, wenn es pro Tag nur für Stunden auftritt, von einer Depression unterscheiden. Das Kind nach der Schule oder der Vater nach der Arbeit sind zu nichts mehr zu gebrauchen. Wenn der Zustand länger dauert, sind oft weder die Eltern noch Psychologen in der Lage, diesen Zustand von einer krankhaften Traurigkeit zu unterscheiden. Ärzte für psychosomatische Medizin kennen die ständige Müdigkeit als chronisches Erschöpfungssyndrom (FS: chromique fatigue syndrome). Das Leben mit einem offenen Reizfilter,

das Im-Zaum-Halten überschießender Emotionen, das Einstecken ständiger Misserfolge bei alltäglichen Kleinigkeiten, die Unsicherheit im Umgang mit anderen Menschen – kurz, der behindernde Aspekt von ADS führen schnell zur Erschöpfung.

- Beim Baby haben wir gesehen, dass irgendwann ängstliches Schreien in wütendes Gebrüll umgeschlagen ist. Das wurde dann zur täglichen Gewohnheit. Zorn und Angst liegen nicht nur bei diesem Baby nahe beieinander. Es ist vielmehr eine sinnvolle Verknüpfung. Angenommen, ein Feind kommt Ihnen so nahe, dass Sie nicht fliehen können. Dann ist Angriff die einzige Verteidigung. Biologen nennen das die Unterschreitung der Fluchtdistanz. Schon eine harmlose Ratte wird sie dann mit der Wut der Verzweiflung attackieren. Wehe Ihnen, Sie kommen durch einen unglücklichen Zufall einem wehrhaften Tier, etwa einem Wildschwein, allzu nahe! Bei der Jagd hat man das früher genutzt. Ein Hund hat die Sau verfolgt, bis er unter der Fluchtdistanz war. In diesem Moment hat diese sich umgedreht, um den Saurüden (wir als Nichtjäger würden sagen: kläffenden Köter) wütend anzunehmen. Das Wild war gestellt. Die beiden beschäftigten sich miteinander, bis der Jägersmann mit seiner Lanze, der Saufeder, kam. Sobald er eintraf, griff ihn der Schwarzkittel an und rannte in die Klinge. Wenn es dem Jäger nicht auf Anhieb gelang, die Sau zu töten, wurde es lebensgefährlich. Heutzutage sind die Hunde zu teuer; die kamen dabei oft zu Schaden. Die Jäger, verwöhnt vom Autofahren, schaffen schon das Laufen nicht mehr. Noch weniger sind sie bereit, sich in Lebensgefahr zu begeben.

Angst macht Wut

Menschen mit ADS neigen dazu, in Situationen, die ihnen Angst machen, mit Aggression zu reagieren. Weil sie ihre Umgebung verzerrt wahrnehmen, laufen sie Gefahr, ohne nachvollziehbaren Grund in Wut zu verfallen. Angst haben sie nicht, dafür bekommen die Menschen ihrer Umgebung allen Grund dazu. Dieses Problem zieht sich durch alle Altersklassen jenseits des Säuglingsalters. Erschwert wird die Situation noch durch die Impulsivität des ADSlers. Kein Wunder, dass eine aggressive Komponente bei jungen Menschen mit einer gestörten Impulssteuerung als häufig beschrieben wird. Nach der MTA-Studie waren aggressive und oppositionelle Verhaltensweisen mit 40 % häufiger als die Angststörung. Und wirklich benehmen sich viele Menschen mit ADS bei ängstigenden Gelegenheiten »wie Sau«.

Aggressive Männer mit ADS sollen (je nach Statistik) ein oder zwei Drittel der wegen Gewaltdelikten Einsitzenden ausmachen. Wenn es jemandem mit so einer aggressiven Komponente gelingt gegenzusteuern, kostet ihn das heroische Selbstbeherrschung. Er kann dann Angst vor dem eigenen Jähzorn bekommen. Wenn der Zorn als wesensfremd empfunden wird, setzt er einige Betroffene so unter Druck, dass sich das Gefühl der Besessenheit einstellt. Für den Psychiater ist das ein diagnostisches Problem. Ein Mensch hat bitte schön nicht das Gefühl zu haben, eine zweite Person in sich zu tragen! Fehldiagnosen mit Fehlbehandlungen sind eine logische Folge.

Noch einmal von vorn: Jemand mit ADS hat allen Grund, sich vor Dingen oder Situationen zu fürchten, die anderen Menschen harmlos erscheinen. Wenn er kein Problem mit Ängsten hat, umso schlimmer. Eine Angststörung kann man beim Betrachten obiger Liste als ein »kleineres Übel« ansehen. Es liegt sogar nahe, sie als ein gutes Zeichen zu nehmen.

Wenn Angst zu haben einem ADSler gut bekommt, dann wird es

Möglichkeiten geben, das sinnvoll zu nutzen. Bei der Angststörung diktiert diese die Spielregeln. In bewusst aufgesuchten gefährlichen Situationen kann der Akteur bestimmen.

Früher, als das Leben im Allgemeinen gefährlicher war, gab es in Alltagssituationen genug Grund zur Angst. Ein Beispiel dafür ist die oben ausführlich geschilderte Sauhatz. Heutigentags haben wir eine Fülle gefährlicher Sportarten, um das Bedürfnis nach einem geregelten Emotionshaushalt zu befriedigen: Abfahrtski, Bergsteigen, Motorradfahren, Wildwasserkanu, Fallschirmspringen, Wellensurfen, Tauchen … Es muss nicht die körperliche Gefahr sein. Spielen, gleich ob Poker, Schach oder Roulette sind über denselben Wirkmechanismus erfolgreich. Durch finanziell riskante Spiele wie Aktienspekulationen, windige Firmenführung, Wirtschaftskriminalität … können ganze Volkswirtschaften ruiniert werden. Wenn Sie einmal in einer Firma gesessen haben, deren von ADS betroffener Chef den ganzen Laden bei seinen geschäftlichen Hasardeurspielen eingesetzt hat, sehen Sie das folgende Kapitel mit anderen Augen.

Angst verleiht Flügel

Bleiben wir bei einfach nachzuvollziehenden Beispielen. Nehmen wir den berühmten Alpinisten Reinhold Messner. Dieses Multitalent hat stets die Gefahr gesucht. Wenn er sie gefunden hat, sind ihm ungeahnte Kräfte zugewachsen. In Situationen, in denen »Otto Normalverbraucher« vor Angst wie gelähmt ist, kann Reinhold Messner besser denn je logisch denken und das Ergebnis zielgerichtet umsetzen. Wenn Sie denselben Mann in einer Talkshow beobachten, ist es traurig zu sehen, wie er durch eine Hyperfokussierung auf sein jeweiliges Thema eingeschränkt wird. Wirklich plaudern kann er nicht. Ein Mann, zwei Gesichter. In großer Not am Berg funktioniert er richtig.

Ein anderes Beispiel: Sebastian Haffner hat eine großartige Biographie über Winston Churchill geschrieben. Lesen Sie einmal nach, wie der junge Churchill immer wieder die Gefahr in den britischen Kolonialkriegen suchte. Lesen Sie, wie er dabei mit raschem und zielgerichtetem Handeln Heldentaten vollbrachte und nebenbei mit (der Heeresführung unbequemen) Analysen brillierte.

Im Krankenhaus habe ich häufig erlebt, dass in Notsituationen die »Chaoten«, die den normalen Dienstbetrieb ständig durcheinander brachten, die einzigen waren, die das Nötige tun konnten. Ihre Karriere schädigende Unfähigkeit, sich an Regeln zu halten, wurde nun als Improvisationstalent nützlich. Sie waren nicht durch Angst blockiert, sondern beflügelt. Die Ruhe, die sie nun auf einmal ausstrahlen und auf die anderen übertragen konnten, hat manchem Patienten das Leben gerettet. Das sind allerdings Qualitäten, die in Zeiten der computergestützten Leistungserfassung nicht mehr honoriert werden.

Ich erzähle Ihnen eine Geschichte aus meinem eigenen Leben. Ich hatte eine neue Arbeitsstelle angetreten, etwa 25 Kilometer von meiner Wohnung entfernt. Die Strecke dahin konnte man gut über Landstraßen, teils auch durch Stadtverkehr fahren. Seit kurzem besaß ich einen Motorradführerschein. Ich war über 30 als ich zur Fahrschule ging, um »Klasse 1« nachzumachen. Da ich oft gesehen hatte, was aus verunfallten Motorradfahrern wird, hatte ich beim Fahren Angst. Was mich immer wieder erstaunte, war, dass ich trotz der intensiv und ständig empfundenen Angst ein guter Fahrer war, wie mir meine Freunde bestätigten. Außer bei Schnee habe ich dann sommers wie winters alle Wege zur Arbeit mit dem »Bock« zurückgelegt. In den häufigen Bereitschaftsdiensten ging es auch nachts auf die Straße. Die anderen Diensthabenden waren leicht amüsiert, wenn sie mich in schwerem Leder an der Bedienkonsole des Computertomographen sahen. Bei jeder Fahrt hatte ich das Gefühl: Gevatter Hein sitzt auf dem Sozius und legt mir grinsend seine knöcherne Hand auf die Schulter. Zwei Jahre lang habe ich Angst gehabt: Dann verschwand sie, um nur noch bei riskanter Fahrweise aufzutreten. Bis auf wenige Ausnahmen bin ich trotzdem vorsichtig geblieben. Für einen Familienvater macht »glücklich, aber tot« keinen Sinn.

Bis hierhin ist die Geschichte schon verrückt genug; es kommt noch spannender. Diese zwei Jahre waren rückblickend die besten überhaupt. Meine Leistungsfähigkeit war, sowohl was das Arbeitstempo angeht, als auch was die Qualität betrifft, überdurchschnittlich. Sogar organisatorisch war ich sortiert. Viel wichtiger war für mich, dass ich kaum unter unverhofften Stimmungsschwankungen zu leiden hatte. Entsprechend war ich beliebt. Ein launischer Mensch macht sich halt keine Freunde. Die psychosomatischen Beschwerden, die mich sonst belästigten, waren fast weg. Im Umgang mit Frau und Kindern war ich bei der Sache. Ich habe tatsächlich »Papa! Hörst du denn nie zu?« nicht mehr um die Ohren bekommen. Mit durchschnittlich 90 Minuten intensiver Angst am Tag waren die Zeichen des ADS zu beseitigen. Lange Motorradtouren haben mich dann entspannt gemacht. Als ich an das Fahren so gewöhnt war, dass ich Meister Hein nicht mehr gefühlt habe, ging es binnen weniger Monate steil bergab. All das durchschaue ich nun Jahre später. Die Diagnose ADS gab es erst am Ende des Abstiegs.

Mittlerweile habe ich auch Erfahrungen mit einigen Medikamenten gesammelt. Keines war so wirksam wie die intuitiv selbst verordnete Angsttherapie. Übrigens: Lassen Sie sich warnen! Motorradfahren verursacht Risiken und Nebenwirkungen. Etwa 100 000 Kilometer später hat mich ein Mercedes übersehen und mir die Vorfahrt genommen. Als ich im Krankenhaus aufwachte, hatte ich einen Genickbruch und war wegen der Gehirnerschütterung sehr verwirrt. Am Ende habe ich die lädierte BMW verschenkt. Das Motorad zu verkaufen, hätte ich nicht übers Herz gebracht. Mit Geschichten dieser Art stehe ich nicht alleine da. Letztens war ich auf einer Tagung des Bundesverbandes für Aufmerksamkeitsstörung. Einer der Vortragenden berichtete, dass die Hälfte der erwachsenen Betroffenen mindestens einen Motorradunfall im Leben gehabt habe. Er hat nicht erzählt, bei wie vielen die Diagnose wegen eines Unfalltodes nicht mehr gestellt werden konnte.

Wenn das mit ADS und der Angst so einfach ist, warum ist noch keiner darauf gekommen? Warum wird sie in Fachbüchern ungenau als *Komorbidität* abgehandelt? Diese Frage vereinfacht den Sachverhalt: Denn diese Bücher sind von Kinderärzten, Psychiatern und Psychologen geschrieben worden. Ein Heiler (und das sind diese) muss anders fragen. Er versucht von dem einzelnen Patienten auszugehen, um diesem zu helfen. Keiner wird sagen: »Wissen Sie, Herr Doktor, im Moment interferiert die Angst so mit meinem ADS, dass es fast weg ist.« Keiner sagt: »Wegen meines ADS-betroffenen Babys benötigen wir eine gezielte Frühförderung und psychosoziale Hilfen für den Rest der Familie.« Die übergeordnete Perspektive, die ich hier so lässig pflege, kann man sich im Alltag nicht leisten.

Der Angst auf die Spur kommen

Spielen wir Mäuschen im Sprechzimmer der Kinderärztin Frau Doktor Hebauf. Das Zimmer riecht nach einer Mischung aus starkem Kaffee und Desinfektionsmitteln mit einem Hauch von vollen Windeln. Die eierschalenfarbenen Möbel sind schon etwas abgestoßen. Die Wände hängen voll von Bildern dankbarer kleiner Patienten, einige Bilder sind schon etwas vergilbt. Frau Doktor ist grau meliert und mit einem strengen Zug um die Mundwinkel. Sie hat die burschikos vertrauenerweckende Ausstrahlung mancher resoluter Großmütter.

Elvira, die Herrin über den Empfangstresen, lotst Frau Schulz mit dem acht Wochen alten »knötternden« Paul in das Sprechzimmer. Nach alter ärztlicher Gewohnheit mustert Frau Doktor die Eintretenden scharf. Beim Kind kann sie noch nichts feststellen, außer dass es seiner Mama auf die Nerven fällt. Die junge Mutter ist offensichtlich übernächtigt und am Ende ihrer Kräfte. Die dunklen Ringe um die vom Weinen verquollenen Augen hat sie mit etwas Schminke zu übertünchen versucht. Zum Umziehen ist sie nicht mehr gekommen, unter der übergeworfenen Strickjacke sieht man das obligatorische fleckige T-Shirt. Darunter zeichnen sich BH und Stilleinlagen ab.

Sie stillt, wenigstens etwas, so denkt die Frau Doktor. Immer wieder gestört durch den Kleinen, berichtet Frau Schulz, seit seiner Geburt keine ruhige Minute gehabt zu haben. Ob man da nichts tun könne. Nur der beruhigenden Ausstrahlung von »Oma Hebauf« ist es zu verdanken, dass die junge Frau nicht gänzlich die Fassung verliert. Während sie den nun laut schreienden Paul untersucht, versucht die Ärztin Antworten auf einige Fragen zu finden, um ihnen gegebenenfalls nachgehen zu können: Wird der Junge satt? Falls zugefüttert wird, verträgt er die Nahrung? Hat er Schmerzen? Ist er krank, etwa ein Darminfekt? Gibt es eine Missbildung? Besteht eine Entwicklungsstörung? Gedeiht er gut? Sind Zeichen einer

Misshandlung zu sehen? Besteht diese Gefahr? Alle Fragen zu Pauls Zustand können positiv beantwortet werden. Der Kleine ist zwar ein »Nervzwerg«, aber erfreulich gesund.

Ob ein ADS als eine der vielen möglichen Ursachen von Pauls Unzufriedenheit besteht, tut im Moment nichts zur Sache. Weder kann es in diesem Alter sicher festgestellt noch behandelt werden. Die Mutter hat genug andere Sorgen, es wäre sträflich, ihr auch noch diese aufzuhalsen. Ob die Stressfestigkeit der Mutter durch ADS beeinträchtigt ist, wird üblicherweise nicht hinterfragt. Frau Doktor denkt aber auch an diese Möglichkeit. Sie will ohnehin herauszufinden, wo es bei der Mutter »klemmt«. Dieser zu helfen, ist die wirksamste Behandlung für den kleinen Paul. Zu diesem Zweck und um das Gefühl der Hilflosigkeit von Mutter und Ärztin zu mildern, lässt sie Elvira einen Termin in drei Tagen machen. Als Vorwand dienen eine Blutabnahme und sonstige weitere Untersuchungen des Kindes. Tatsächlich reserviert sie eine halbe Stunde, um mit Frau Schulz zu reden.

Frau Dr. Hebauf würde gerne die Mutter weiterschicken, aber zu wem? Dazu muss sie mehr wissen. Kommt sie nur wegen des Kindes so schlecht zurecht? Grund genug gäbe es. Besteht eine Wochenbettdepression? Liegt eine Hormonstörung vor? Ist sie körperlich gesund? Erschöpfung und Depression sind auch erste Zeichen von Tumoren, Entzündungen und manchen chronischen Erkrankungen. Sind die sozialen Verhältnisse stabil? Hat sie Hilfe? Findet sie Verständnis? Besteht eine echte psychische Störung als Ursache der momentanen Überforderung? Hat die Mutter einen Erschöpfungszustand bei ADS? Liegen, wie so oft, mehrere Ursachen vor? Welche ist die wichtigste?

Die alte Kinderärztin ist ebenso fleißig wie tüchtig. Dennoch glaube ich nicht, dass sie alle Fragen, die sie sich stellt, beantworten wird. Und selbst wenn, muss sie die richtige Stelle zur Hilfe finden, und Frau Schulz muss Hilfe annehmen. Auch wenn ADS bei Mutter und Kind vorliegt: Die nächste Frage wäre, ob das der wichtigste Grund ist. Erst wenn solche Fragen beantwortet sind, kann über gezielte Hilfe nachgedacht werden. Nun bedenken Sie, dass ein ADS von Mutter oder Vater eine Fülle von Folgeproblemen hinter sich herzieht. Jedes für sich allein kann eine Familie gründlich ramponieren. Es wird fast unmöglich, eine zugrunde liegende *Hauptursache* zu sehen, außer man sucht gezielt danach. Bisher geschieht das nur in Ausnahmefällen.

Ich gebe zu, ganz frei erfunden ist das Beispiel nicht. Als Student habe ich als Praktikant im Kreißsaal eine alte Hebamme kennen gelernt. Sie war mittlerweile selbst Großmutter. Die Geburten leitete sie mit einer unnachahmlichen Mischung von Strenge und Einfühlungsvermögen. Diese Frau hat mich sehr beeindruckt; deshalb hat sie für die Ärztin »Modell gestanden«. Später habe ich diesen Typ noch oft in medizinischen Berufen wieder gefunden. In guter Erinnerung ist mir noch eine Oberärztin in der Kinderheilkunde, die im Interesse ihrer kleinen Patienten die ganze Abteilung (inklusive Chef) stramm stehen lassen konnte.

Das Vorbild für die Mutter des kleinen Paul ist Ihnen vielleicht auch unlängst in irgendeinem Supermarkt begegnet. Das war die junge Frau mit den fettigen Haaren, dem schmuddeligen T-Shirt und dem gehetzten Blick, die in aller Eile den Einkaufswagen durch die Gänge schob. In acht Jahren wird sie in der Selbsthilfegruppe sitzen und mit vielen Worten klarzumachen versuchen: Nur die Schule ist am Unglück des kleinen Paul Schuld! »Altgediente« der Gruppe werden sich anschauen, um aus Redeschwall und Argumentationsstruktur zu schließen: Oh weh, da ist aber jemand hyperfokussiert. Wenn diese Frau kein ADS hat, dann habe ich auch keins! Ich selbst habe es aber genau wie diese Mutter lange nicht wahrhaben wollen. Bald wird bei dieser Frau entweder die Erschöpfung oder der Ärger über die »uneinsichtigen« anderen Teilnehmer zum Fernbleiben führen.

Ein echtes Fallbeispiel

»Elverdissen, psychologischer Psychotherapeut« steht auf dem Schild. Auf den Glockenschlag pünktlich klingelt Frau Eikum und wird vom Therapeuten selbst hereingebeten und im obligaten Sesselchen platziert. Lebhaft berichtet sie, wie ihre Panik vor Hunden überhand nehme. Daran müsse unbedingt etwas getan werden.

Die junge Frau im engen Sesselchen ist direkt der Wirklichkeit entnommen. Diese Dame wurde tatsächlich von ihrer Hundephobie geheilt. In der Folge wurde sie derartig dick, dass sie zuletzt drei Zentner überschritt. Eine Fülle von gesundheitlichen Problemen waren (und sind) die Folge. Mehrere Krankenhaus- und Kuraufenthalte konnten ihre Heißhungerattacken nicht beheben. Auf die Idee, dass sie ADS habe, war keiner gekommen. Es hätte aber auffallen müssen, dass als einziges Medikament »Edronax« (in Deutschland derzeit oft als Antidepressivum bei ADS verschrieben) schon in geringer Dosierung die Fresssucht stoppen konnte. Der Hausarzt hatte das zum Unwillen des Nervenarztes veranlasst. Mittlerweile nimmt sie langsam, aber stetig ab.

Erst wenn Sie systematisch suchen, finden Sie Hinweise auf die ursächliche Störung. Ich will Ihnen gerne die Zeichen des ADS bei dieser jungen Dame nennen: Impulsives Gefühlsleben, Episoden schwerer und unglücklicher Verliebtheit, jahreszeitliche Gefühlsschwankungen mit regelmäßiger Frühjahrsdepression (gemeinsames Zeichen von ADS und einiger depressiver Erkrankungsformen), verminderte Stressfestigkeit, verminderte Aufmerksamkeitsspanne, Suchen nach dem »Kick«, Schulprobleme, ein sicher diagnostizierter ADS-Träger in der nächsten Verwandtschaft, häufiger Arbeitsstellen- und Wohnortwechsel. Auch in traurigen Phasen ist sie im Gespräch sehr zugewandt und aufgeräumt. Sie berichtet dann lächelnd die schrecklichsten Geschichten. Schlafstörungen wegen banalen Ärgers in der Familie oder bei der Arbeit sind weitere typische Anzeichen.

Dann ist da noch die eigenartige Geschichte mit der Schwerhörigkeit. Frau Eikum berichtete von dem Chor, in dem sie mit Freude und Erfolg singt. Unvermittelt unterbrach sie den Gedankengang und sagte: »Ich bin schwerhörig. Wenn sich zwei unterhalten und ich komme dazu, verstehe ich kein Wort. Ich muss die dann bitten, laut und deutlich zu reden. Wenn auch noch der Fernseher läuft, geht gar nichts mehr. Manche Sachen höre ich gut. Das Ticken der Wanduhr höre ich sogar sehr gut. Solche Geräusche machen mich verrückt.« Die Erzählerin reagierte im Gespräch auf jedes (auch das leiseste) Nebengeräusch. Abschließend sagte sie: »Der Ohrenarzt hat nichts gefunden.«

Liebe Leserin, lieber Leser, bitte hören Sie auf zu schmunzeln! Diese Angelegenheit ist für die Betroffene gar nicht lustig. Es handelt sich um die für ADS typische Behinderung im geselligen Gespräch. Sie entsteht durch den offenen Reizfilter und wird durch eine Reizverarbeitungsstörung verstärkt. Wenn man dieses Zeichen (der Mediziner würde sagen Leitsymptom) findet, ist ADS die erste zu überprüfende Diagnose. Durch geschicktes Nachfragen danach zu suchen, lohnt sich allemal. Edronax wirkt auf diese »kognitive Einschränkung« nur schlecht, so gut es auch in der Dämpfung der überschießenden Impulsivität ist. Stimulantien wären besser, diese haben aber andere Einschränkungen. Die Angelegenheit wird auch mit einem pseudowissenschaftlichen Fachbegriff gekennzeichnet: *zentrale Schwerhörigkeit*.

Sämtliche für diese kranke Frau genannten Erscheinungen sind beständig und unabhängig von den depressiven Episoden vorhanden. Im täglichen Leben fällt sie durch ihre besondere Hilfsbereitschaft, durch ihr offenes und freies Wesen und durch ihre herausragende Sozialkompetenz auf. Diese junge Frau hat man wirklich gern um sich. Dass sie gravierende Probleme haben könnte, mag man zuerst nicht glauben. Immer noch weigert sich ihr Nervenarzt eine qualifizierte Diagnostik zu ADS durchführen zu lassen. Die Behandlung immer neuer unterschiedlicher körperlicher und seelischer Symptome hat insgesamt zur Verschlechterung geführt. Eine ganze Reihe ihrer psychosomatischen Erkrankungen habe ich, um es kürzer zu machen, verschwiegen. Die Angststörung war wirklich das kleinere Übel!

Also: Bei »Angst« zweimal schauen, denn ADS ist ein Chamäleon, aber »Angst« ist seine häufigste Farbe!

10. Die Lust

Im zehnten Kapitel wird die Lust zur Last.

Körperliche Begierde und ihre Erfüllung sind von fast unbezähmbarer Stärke. Das mag nicht für jeden einzelnen Menschen zutreffen, wohl aber auf die Menschheit insgesamt. Das muss wohl sein, sonst wären wir Menschen nicht über Adam und Eva hinausgekommen. Wenn es nur um Fortpflanzung ginge, würde man dieses Geschäft ganz locker, sozusagen nebenbei erledigen können. Das hieße »Sex- Machen«, wie das ebenso lästige, aber nötige Zähneputzen.

Sex und Gewalt

Ich kenne niemanden, der Liebesspiele wie Körperpflege nebenbei betreibt. Wie bei allen hierarchisch organisierten Lebewesen sind bei uns vor dem Geschlechtsakt Besitzverhältnisse zu klären. Wer darf wann mit wem? Der (die) Glückliche, der den attraktivsten Geschlechtspartner abschleppt, zeigt, dass er Chef im Ring ist.

Notwendigerweise mischt sich dadurch aggressives Verhalten in den Sexualtrieb. Das Motto lautet: Schau, wie schön, stark und mutig ich bin. Diese Frau nehme ich für mich, und sei es mit Gewalt. Frauen verwenden zum gleichen Ziel gerne listigere Mittel.

Studien an Affen wie Schimpansen und Pavianen zeigen dieses Muster auch in unserer Verwandtschaft. Ein alternder, hochrangiger Politiker mit seiner zweiten oder dritten jeweils jungen Frau wirkt wie eine Karikatur eines Pavianhäuptlings. Jung soll sie sein, möglichst um die 25 Jahre. Hautbeschaffenheit, Mienenspiel und Fettverteilung (in der Mitte weniger) sollten attraktiv wirken. Das sind gleichzeitig die Merkmale eines gesunden, gebärfähigen weiblichen Wesens. »Wenn Männer so gut denken könnten, wie sie sehen …«, seufzt manche Frau, nicht zu Unrecht.

Die Frau zum Angeben, Erzwingen des Geschlechtsaktes mit Gewalt, der Hang zur Vielweiberei und das ständige »Sex-haben-Wollen« sind Teile eines uralten Verhaltensprogramms.

Der Mann ist geradezu daran gefesselt. Das gilt in gleicher Weise für Frauen. Diese finden, so sagen die Sexualforscher, Männer mit Macht interessant. Angeblich wird »Er« durch nichts so sexy wie durch Macht. Dann sollte der Mann flirten können und einen spritzigen Humor haben. Nicht zuletzt sollte er gut riechen. Die Damen »denken« öfter mit der Nase als mit dem Auge. Der Geruchssinn ist bei Frauen (deshalb?) meistens besser ausgebildet als bei Männern. Bei Licht betrachtet wird mit dieser Messlatte zuerst überprüft, ob der Mann Macht genug haben wird, das Kind zu schützen. Humor kann ein Zeichen für Intelligenz sein, was als Erbanlage für das

Kind ebenso wichtig ist wie für das Überleben der Eltern. Der Geruch informiert besser über den Gesundheitszustand als die Figur. Der Mensch scheint mit Schlips und Kragen oder Minirock und Schminke immer noch auf dem Pavianfelsen zu sitzen.

Warum ist die überwiegende Mehrzahl von uns dort aber nur zeitweise zu finden? Lernen wir wieder von den Erdmännchen! Deren Überlebensrezept besteht in einem eng zusammenarbeitenden Ehepaar und der mitarbeitenden Familie. Rangkämpfe, Gefechte um die Frauen und dergleichen können sie sich nicht leisten. Die gesamte Kraft und Klugheit eines jeden Gruppenmitglieds wird zur Gefahrenabwehr benötigt. Die extrem lebensfeindliche Umgebung lässt sich sonst nicht meistern. Die Auswahl des Sexualpartners wird von anderen Faktoren bestimmt als vorhin genannt. Harmonie und Verlässlichkeit entscheiden. In der menschlichen Sexualität ist sogar ein Messinstrument dafür eingebaut. Die meisten Frauen kommen schwerer zum Orgasmus als ihre Partner. Ein Mann, der sich ihnen mit viel Ruhe, Liebe und Zärtlichkeit widmet, hat einen Vorteil. Auch Stehvermögen ist von Nutzen. Aus dem gleichen Grund hat eine selbstbewusste Frau »mit Herz und Hand« auf dem allgemeinen Heiratsmarkt gute Karten, hübsch oder nicht. Männer sind nicht immer so dumm, wie sie aussehen.

Beide Modelle der Partnerwahl konkurrieren beim Menschen miteinander. Das gilt sowohl für die Struktur unserer Instinkte als auch für die kulturellen Umstände. Unserer Umgebung und der umständlichen Aufzucht unser Kinder wegen ist die Variante »Erdmännchen« angemessener.

Auch die komplexe moderne Gesellschaft kommt mit dem »Affenfelsen« nicht zurecht. Aber die menschliche Triebausstattung hat erst eine unzureichende Modellpflege erhalten. Instinkte sind halt hoffnungslos altmodisch. Wir versuchen diese Lücke mit kulturellen Mitteln zu stopfen. Was geschieht, wenn das ältere Verhaltensprogramm im falschen Augenblick aktiviert wird, fällt das im günstigen Fall in die Kategorie Belästigung. Wenn es schlimm kommt, wird daraus eine Vergewaltigung. Unter Umständen, in denen die kulturellen Fesseln abgestreift sind, kommt bei vielen Männern ein uralter Instinkt zum Ausbruch: »Zeige, dass du ein ganzer Kerl bist, indem du jede Frau mit Gewalt nimmst!« Kriege aller Zeiten und Kontinente zeigen, dass sogar sonst brave, fürsorgliche Väter und Ehemänner in dieser Weise handeln.

Jemand mit einer gestörten Impulssteuerung hat es auch unter Friedensbedingungen schwer, das einmal angelaufene Programm des »Sex mit Gewalt« zu stoppen. Dennoch gelingt es der weit überwiegenden Mehrzahl der Männer mit ADS, sich angemessen zu verhalten. Da sie oft charmante und gute Unterhalter sind, kommen sie auch so zu ihrem Glück. Diejenigen, die eine große Neigung zu aggressivem Verhalten haben, finden wir allerdings gelegentlich als Sexualstraftäter in Haft. Das Übel ist hier in erster Linie der aggressive Akt, weniger der Sex. Angeblich sind ein bis zwei Drittel der Sexualstraftäter mit Merkmalen im Sinne eines ADS behaftet. Meistens sind die Täter dann jung. Die Vergewaltigungen werden in diesem Fall fast immer im Affekt begangen, sozusagen unter Ausschluss des Verstandes. Eine ganz üble Geschichte ist das, zumal, wenn wir bedenken, dass die Opfer oft für den Rest des Lebens geschädigt sind.

Eine frühe Diagnose des »Risikos« ADS möglichst im Grundschulalter dürfte die erste Voraussetzung sein, um Prophylaxe betreiben zu können. Eine Behandlung mit Stimulantien kann zu dieser Zeit noch helfen, ein normales soziales Lernen zu ermöglichen. Unterstützende Verhaltenstherapie für die besonders gefährdeten Buben mit oppositioneller Komorbidität bietet eine weitere Hilfe. Besonders bewährt hat sich die Gruppentherapie. Psychosoziale Hilfen für die gesamte Familie werden meistens noch wichtiger sein. Finanziell dürfte solch eine Vorsorge billiger sein, als einen Täter, wenn es zu spät ist, wegzusperren. Der beste Opferschutz ist und bleibt es, gar keinen Täter entstehen zu lassen.

Wenn Sie sich über das spannende Thema der vergleichenden Verhaltensbiologie schlau machen wollen: Die Bücher »Der Menschen-Zoo« und »Der nackte Affe« von Desmond Morris bringen die schwere wissenschaftliche Kost in gut verdaulicher Form.

Sex tut gut

Ein Teil des Kapitels über die Aggressivität ist hier schon vorweggenommen. Sex hat aber überwiegend schöne Seiten, auch die Lust gehört dazu. Wenden wir uns also den angenehmen Dingen zu. Wie bei den anderen Gefühlen sollten wir zunächst betrachten, welche Funktion die Lust hat. Das Wort stammt von einem altmodischen Ausdruck für Freude. Das zu Unrecht in Verruf geratene Wort »geil« hatte ursprünglich auch diese Bedeutung. Die zur Erhaltung der Art unerlässliche Sexualität ist also mit starken Glücksgefühlen verbunden. In der Bibel wird die Lust, auch wegen dieser positiven Empfindungen, als Gottesgeschenk aufgefasst. Das »Hohelied« im Alten Testament singt in einer bis heute unübertroffenen Weise das Lied der Liebe.

Das Streben zum anderen Geschlecht ist bei den meisten Menschen von kaum überbietbarer Stärke. Dieser Trieb wird nur von starker Angst oder großem Hunger zuverlässig unterdrückt. Während des Geschlechtsaktes besteht normalerweise eine so große Konzentration auf denselben, dass sogar die Schmerzempfindung weitgehend ausgeschaltet ist, wenn sie sich nicht sogar in den Dienst der Sexualität stellt. Wir reden nicht nur vom körperlichen Schmerz. Wo liegt denn das Schmerzzentrum des modernen Menschen? Sie haben es erraten: In der Brieftasche! Mit der Aussicht auf Sex sind besonders Männer bereit, unverhältnismäßig teure Geschenke zu machen. Im kommerziellen Sektor ist eine Stunde im Bett um ein Vielfaches teurer als etwa im Kino oder Theater. Selbst die Gefahr einer tödlichen Erkrankung (früher Syphilis, heute AIDS und Hepatitis) kann Männlein und Weiblein nicht voneinander fernhalten. Auch die verklemmte Sexualmoral des 19. Jahrhunderts war machtlos. Moral ist eben nur wirksam, wenn sie den grundlegenden biologischen Vorgaben folgt. Der Geschlechtstrieb ist eine Urgewalt, die alle anderen (mindestens zeitweise) unterdrücken kann.

Wird dieser Instinkt vom Menschen mit ADS in ordnender oder

unterordnender Funktion genutzt? Kann er die Wirrnis aus dem »Oberstübchen« fegen? Ich gebe Ihnen einige Zitate mir bekannter Leute mit ADS zu diesem Thema. Frau E. sagt über ihren Mann: »Nur wenn er Sex hatte, wird er etwas erträglicher. Sonst rennt er unstet auf und ab, mit einer Stimmung…!« Herr E. meint im Gespräch unter Männern: »Wenn ich einen Tag nicht mit ihr im Bett war, habe ich so dicke Eier!« und zeigt mit beiden Händen wie dick. Weiter: »Am liebsten dreimal am Tag, dann geht es mir etwas besser.«

Die Studentin R., eine hübsche selbstbewusste Frau, berichtet zu diesem Thema: »Wenn ich guten Sex hatte, kann ich anschließend drei Nächte gut schlafen.« Dazu muss man wissen, dass auch eine Medikation mit Stimulantien plus Antidepressiva sie nicht ganz von den syndromtypischen Einschlafstörungen befreien kann. Morgens kommt sie dann nicht aus dem Bett. Etwas schlafen muss der Mensch, auch wenn er sein Studium darüber versäumt. Bei Frau R. wirkt eine lustvolle Nacht besser gegen die behindernde Seite des ADS als all ihre Medikamente. Für die betroffene Studentin ist das nicht amüsant.

Das Ehepaar E. steht sich gegenseitig zur Verfügung und hat aus der Not eine Tugend gemacht. Frau R.s Geschlechtspartner ist verheiratet und hat Kinder. Er ist nicht bereit, seine Familie zugunsten seiner Geliebten aufzugeben. Die Angelegenheit wird noch unerfreulicher. Wegen der heilsamen Wirkung genau dieses Mannes ist bei R. eine sexuelle Hörigkeit entstanden. Ihr Liebhaber nutzt das aus. Beleidigungen und Demütigungen aller Art sind häufig. Ein Entkommen erscheint für Frau R. unmöglich.

Was macht guter Sex (was auch immer das ist) mit einem ADSler? Die vollständige Konzentration auf diese Tätigkeit schaltet all die unangenehmen Gefühle aus. Weg sind Trauer und Angst. Weg sind die quälende Unrast und die jagenden Gedanken. In der anschließenden Entspannung werden die Regelkreise im Gehirn wohltuend umgestimmt. Der Effekt ist derselbe wie nach ausgedehntem Ausdauersport, nur gründlicher. Tatsächlich ist die Wirkung über einige Tage anhaltend, nicht nur bei der Studentin R. Weil das so ist, schaltet das Gehirn eines solchen Menschen gern die willentliche Kontrolle aus. Das Chaos im Gehirn bekämpfen und dabei den Verstand »ausknipsen«, diese Phänomen haben wir schon mehrfach betrachtet.

Der Betroffene wird vom Handelnden zum Getriebenen. Sexuelle Hörigkeit ist daher eine häufige Erscheinung bei ADS. Einige Mitglieder in unserer Selbsthilfegruppe lassen das zu fortgeschrittener Stunde durchblicken. Sex macht ihnen deshalb Angst. Dass sie aus ähnlichen Gründen Respekt vor der Verliebtheit haben, wurde schon besprochen. Können Sie sich vorstellen, wie es um einen jungen Menschen steht, der schlechte Erfahrungen mit einer Verliebtheit von vernichtender Stärke oder einer erniedrigenden sexuellen Abhängigkeit gemacht hat? Er hat Angst vor jedem möglichen zukünftigen Partner, je netter dieser erscheint, umso mehr. Ich kenne an sich lebenslustige Menschen, die sich aus diesem Grund am liebsten in ein Mauseloch verkriechen wollen.

Die Sexualität folgt, wenn zur Refokussierung missbraucht, den Spielregeln aller anderen bisher besprochenen starken Gefühle. Hunger wird zur Magersucht, Angst zur Spiel- oder Abenteuersucht, Verliebtheit zur Liebeskrankheit. Sex sucht dann immer mehr Sex, egal wie. Cordula Neuhaus (derzeit in Deutschland die unumstrittene Autorität in Sachen ADS) sagte in einem Vortrag dazu kurz und knapp: »Menschen mit ADS haben eine erhöhte sexuelle Appetenz.« Dann führte sie weiter aus: »Allerdings…«

Allerdings...

Ja, aber was, Cordula Neuhaus? Bitte entschuldigen Sie, lieber Leser, ich habe Sie auf den letzten Seiten auf die falsche Fährte gelockt! Viele Leute mit ADS haben wenig Freude am Liebesspiel. Der Sexhunger hält sich in Grenzen. Was diesen Menschen mehr oder weniger häufig (meist mehr) geschieht: Sie sind abgelenkt. Das kleinste Geräusch (sogar das Ticken einer Uhr) ist wichtiger als die Lust. Der Einkaufszettel für morgen, der Film von gestern, der Zusammenstoß mit dem Chef von heute – alles geht ihnen im Kopf herum. Entsprechend wenig sind sie bei der Sache. Das kommt in gleicher Weise bei beiden Geschlechtern vor. Wenn die Frau so ist: Nun gut, um des lieben Friedens willen geht sie mit ihm ins Bett. Wenn der Mann so ist: Na ja, er versucht (auch wenn abgelenkt) ihr zu Gefallen seinen Mann zu stehen. Sie sehen: Jemand mit ADS demütigt sich auch auf diesem Gebiet, um zu funktionieren.

Sex als lästige Pflicht! Solchen Leuten möchten wir zurufen: Erspart euch das! Macht Sport, trinkt Kaffee, raucht eine Zigarette! Alles ist besser als das. Damit habe ich Sie nun endlich auf die richtige Fährte gebracht. Nach erschöpfendem Ausdauersport ist manch ein Mensch mit ADS besser konzentriert und endlich in der Lage, das Liebesspiel zu genießen. »Normale« Leute sind dann zu müde. Koffein und Nikotin sind milde Psychostimulantien. Ihre Wirkung ist zum Erzielen dieses Effektes meistens unzureichend. Wirksame Stimulantien wie Methylphenidat, Amphetamin oder Kokain bringen schon in niedrigen Dosierungen den gewünschten Erfolg. Sonst abgelenkte ADSler kommen damit zu einem erfüllten Sexualleben. Das oben genannte Ehepaar E. hat davon sehr profitiert. Seit sie Methylphenidat nimmt, ist Frau E. ebenso gern und oft bei der Sache wie ihr Mann. Mittlerweile ist es ihr keine Last mehr, sondern hellt anschließend ihre Stimmung für Stunden auf.

Es geht auch ohne Medikamente. Genauso wirksam zum Lenken der Aufmerksamkeit ist ein Einstimmen auf die Situation. Das kann durch die Spannung des Verbotenen erreicht werden, etwa bei einem Seitensprung. Genau so gut (und frei von Risiken und Nebenwirkungen) ist ein gemeinsam verbrachter romantischer Abend.

Wir haben festgestellt, dass nichts so gut gegen das Durcheinander im Kopf wirkt wie guter Sex. Der Weg dahin ist in vielen Fällen weit und anstrengend. Ärztliche Maßnahmen können ihn noch steiler machen. Die meisten Erwachsenen mit ADS werden von ihren Ärzten unter Diagnosen wie »Angststörung« oder »Depression« eingeordnet. Die verabreichten Medikamente, die Antidepressiva, machen das Problem mit dem Sex nicht geringer. Zum einen wirken sie relativ gering, um die Aufmerksamkeit zu erhöhen, helfen also gegen diesen Teilbereich der ADS-Problematik wenig. Zum anderen dämpfen sie die Sexualität, schaden also somit außerdem. Im Ergebnis wird den damit Behandelten eine der wirksamsten Möglichkeiten genommen, sich selbst zu helfen. Von den entgangenen Freuden ganz zu schweigen.

Neben aggressiver Sexualität sind Frigidität und Lustlosigkeit bis zur Impotenz übliche Farben des ADS. Diese können bei ein und derselben Person im Laufe des Lebens, sogar eines Monats mehrfach wechseln.

Sex und Partnerschaft

Ist das bisher nicht kompliziert genug? Dabei habe ich Ihnen das schwierigste Problem noch vorenthalten: Sexualität und Partnerschaft. Menschen haben einen starken und ununterbrochen kräftigen Sexualtrieb. Auch wenn sie keinen Eisprung hat, kann eine Frau sexuell aktiv sein. Das ist im Tierreich selten. Bei Hund und Katz, bei Rind und Pferd, bei Schwan und Sperling ist das anders. Tiere, bei denen sexuelle Aktivitäten das alltägliche Leben in gleichem Ausmaß durchziehen wie beim Menschen, finden wir bei den Affen. Paviane setzen die (oft nur angedeutete) Kopulation zur Demonstration ihres Ranges ein.

Bonobos, eine Schimpansenart und gleichzeitig unsere nächsten Verwandten, gehen damit viel menschlicher um: Sex zum Trösten, Sex als Spiel, Sex in Gruppen. In einer Gruppe Bonobos vergeht kaum eine Minute, ohne dass sexuell gefärbte Handlungen vom Verhaltensforscher registriert werden könnten. Die Bonobos nutzen diesen Trieb zum Zusammenhalten der Gruppe und zum Dämpfen der Aggressionen. Auf diese Weise können sie es sich leisten, ohne die starre Hierarchie der Paviane auszukommen. Kreativität und flexible Reaktionen finden dadurch eine gute Chance, ohne zu stark von Rangkämpfen behindert zu werden. Kein falscher Neid: Auch in der Bonobogesellschaft gibt es ein Oben und ein Unten. Die menschliche Entwicklung hat einen anderen Weg beschritten.

Versetzen wir uns in die Lage der Urmenschen. Kinder brauchten vermutlich schon damals zwölf Jahre, um leidlich allein zurechtzukommen. Das ist eine lange Zeit. Zum Erwachsen-Sein dauerte es noch länger. Die Umgebung war karg, Hunger ein täglicher Begleiter. Auch Raubtiere sind hungrig. Die Menschen mögen zwar schlau gewesen sein, aber wehrlos. Nicht nur die Gruppe sollte funktionieren, auch ein Paar musste verlässlich zusammenbleiben. Bis die Triebausstattung diesen Umständen folgen kann, vergehen viele Hunderttausende von Jahren. Schneller geht es, wenn vorhandene Kräfte umgewidmet werden.

Das ist tatsächlich geschehen. Der ständige und starke Sexualtrieb wurde in den Dienst der Bindung eines Paares aneinander gestellt. Das ist (meines Wissens) in der Natur ohne Vorbild. Ob und wie ein junges Paar mit der Lust umgeht, ist von entscheidender Bedeutung für das Funktionieren der Beziehung. Es muss durchaus nicht so sein, dass viel Sex eine gute Ehe ausmacht. Viel Nähe sorgt auch für viel Aggression. Heftige Liebesnächte sorgen für turbulente Streitereien. Wer das eine will, muss das andere ertragen können.

Wo stehen unsere Leute mit dem ADS? Hilft diese »Störung« ihnen in der Partnerschaft oder schadet sie? Sexualstraftaten helfen niemandem. Lustloser, gelangweilter Vollzug des Geschlechtsaktes hilft auch nicht. Das stets vorhandene Begehren des eigenen Partners hilft dagegen sehr! Täglich Situationen zu schaffen, in denen sich beide aufeinander einstimmen können, ist fast ein Garant für eine glückliche Ehe. Das große Einfühlungsvermögen, das die meisten Menschen mit ADS entwickeln können, ist dabei eine echte Hilfe. Immer wieder wird im Schrifttum beschrieben, dass diese Menschen ihre Stärken im »Eins-zu-eins-Setting« zeigen können. Das ist tatsächlich so, nicht nur, wenn sich Therapeut und Klient gegenübersitzen, auch wenn sich ein Ehepaar anschaut. Kreativität und ein Hauch von Abenteuerlust können verhindern, dass die Beziehung den Tod durch Langeweile stirbt. »Kreativ und einfühlsam« könnte der zweite Name für gar manchen Menschen mit ADS sein. Goethes »Werther« ist nicht zu Unrecht der Meinung, für Lotte ein besserer Partner zu sein als der trockene Albert.

Um es zusammenzufassen: Der Weg in eine funktionierende Paarbindung ist für Menschen mit ADS länger und gefährlicher als für andere. Auch ein geregeltes Sexualleben muss mühsam eingeübt werden. Die häufigen Ehescheidungen unter Menschen mit ADS zeugen davon. Wenn es den Betroffenen gelingt, ihre »Behinderung« in geeigneter Weise zu nutzen, können lebenslang glückliche Beziehungen gelingen. Biographien von Winston Churchill und dem Erfinder Edison sowie viele Erfahrungen in den von ADS geprägten Familien zeigen das. So viel steht fest, langweilig wird es nicht!

11. Das Mobbing

Im elften Kapitel geht es vielen gut, weil es einem schlecht geht.

Wir können auf eine Fülle von Wörtern zurückgreifen, die sich auf Teile der Aggression beziehen. Ärger, Wut, Hass, Zorn, Boshaftigkeit, Jähzorn und kalte Wut sind einige davon. Weil aggressive Stimmungen und das entsprechende Verhalten unser gesamtes Leben durchziehen, wird es kaum möglich sein, mehr als einige Teilaspekte herauszugreifen. Aggression ist bei unserer Verwandtschaft, den Affen, eines der wichtigsten und beständigsten Elemente im sozialen Leben. Boshafte Leute behaupten, sie sei die allerwichtigste Triebfeder besonders des Menschen. Der Mensch unterscheide sich vom Tier dadurch, dass bei ihm der Krieg der Vater aller Dinge sei. Vom geschickten Einsatz der Aggression ist unter Affen das soziale Überleben eines jeden Hordenmitgliedes abhängig. Der nackte Affe, der Mensch, folgt dieser Regel!

Tägliche »Vorspiele«

Halten Sie das für maßlos übertrieben? Nehmen wir ein normales Zusammentreffen mit einem Bekannten auf der Straße: Zuerst geben Sie ihm die Hand. Das ist eine Beschwichtigungszeremonie (eine uralte übrigens, auch Schimpansen haben sie von unseren gemeinsamen Vorfahren geerbt). Die nackte Hand zeigt: Du brauchst keine Angst vor mir zu haben, ich bin ohne Waffe. Der feste Druck sagt, ich bin stark genug, dich zu verletzen, verzichte aber gerne darauf. Ich sehe dich als gleichberechtigt.

Dabei lächeln Sie beide. Dieses freundliche »Zähne-Zeigen« ist ein entschärftes grimmiges Grinsen. Das Lächeln sagt: »Ich könnte dich zerreißen, wenn ich wollte. Nun mag ich dich aber so, dass ich es nicht übers Herz bringen würde.«

Es schließt sich etwas »Small Talk« an. Dieses inhaltsleere Geschwätz ist eine einzige Abfolge von beschwichtigenden Worten. Als Einstiegsthema ist international das Wetter am beliebtesten. Dann wird gern über gemeinsame Bekannte geredet, um sich gegenseitig zu versichern, dass man miteinander besser umgehen würde als diese. Wenn es für die Person, über die getratscht wird, schlecht läuft, steigern sich die Gesprächspartner regelrecht hinein. Das, was daraus erwachsen kann, wenn es Kreise zieht, ist die Basis eines »Mobbing«. Das ist ein beschönigender Begriff für einen gemeinschaftlichen sozialen Mord. Im Deutschen haben wir dafür den bezeichnenden Begriff »Rufmord«.

Die dunkle Seite der Solidarität

Es scheint für manche Menschen angenehm zu sein, die Boshaftigkeit gemeinsam mit einem anderen gegen einen Dritten zu richten. Wenigstens ist er selbst dann solange vor Angriffen sicher. Die Solidarität gegenüber dem anderen (eingebildeten) bösen Feind hält ihn schützend in der Gruppe. Als Auslöser reichen banale Äußerlichkeiten, etwa auf dem Schulhof mit Kleidung der falschen Marke gesehen zu werden. Es geht auch nicht wirklich um das Opfer; es sollen lediglich mögliche Aggressionen der Täter untereinander abgelenkt werden. Wir können den Menschen mit ADS zugute halten, dass sie dabei nur selten die Rolle des Mobs übernehmen.

Wo hört Tratsch auf und wo fängt Ausgrenzung an? Keiner weiß es, jedenfalls wird es schneller böse, als wir gemeinhin glauben. Es gibt Studien darüber, dass Lästern gut tut. Man solle es nur fleißig betreiben. Psychologen und Soziologen machen solche Untersuchungen und geben diese Empfehlung an Presseagenturen weiter. Im Sommer 2003 war das allgemein zu lesen. Was nicht in der Zeitung stand, war, dass sie auch für diejenigen einen guten Rat haben, denen durch »Lästern« geschadet wird: Eine Therapie wird deren Kummer abhelfen!

In sozialen Verbänden von Affen, oft auch von Menschen, ist Ausgrenzung eines Mitgliedes das Vorspiel zum körperlichen Tod durch Kummer und Stress. Das ist so bei Schimpansen. Das ist so bei Pavianen. Menschliche Teenager bringen sich in solch einer Situation oft selbst um. Eine Depression geht dem meistens voraus. Berufstätige erleiden für ihre Kollegen völlig unverständlich (er wirkte doch immer so gesund!) einen Herzinfarkt. Wenn Sie über Aggression und Techniken der Deeskalation unter Affen etwas lesen wollen, empfehle ich »Wilde Diplomaten« des Psychologen und Primatenforschers Frans de Waal. Sie werden nebenbei viel über den Menschen lernen. Ein Bündnis gegen einen eingebildeten Feind ist nicht nur bei Menschen üblich.

Die meiste Zeit im Kontakt mit anderen Menschen verbringen die Menschen damit, deutlich zu machen, dass sie sich gegenseitig nichts Übles antun wollen. Ja, so mögen Sie sagen, was hier beschrieben wird, ist ebenso traurig wie häufig. Aber: Ein wahrer Gentleman tut so etwas nicht. Warum wohl? Wenn der Gentleman Höflichkeit praktiziert, betreibt er zweierlei: Er demonstriert seine soziale Stellung und erstickt dadurch gleichzeitig einen möglichen Konflikt. Wie ein netter, aber sehr ernst zu nehmender Mensch aus gutem Hause will er wirken. Der Gentleman zeigt so viel Überlegenheit, einen so hohen Status, dass er der oben genannten unfeinen Mittel nicht bedarf. Hochrangige Männchen unserer äffischen Verwandtschaft gebärden sich tatsächlich ebenfalls »gentlemanlike«. Neureiche Menschen haben das Prinzip oft nicht begriffen und wirken deshalb schnell lächerlich. Die Unzahl an Ritualen zum Regeln der Aggression unter uns Menschen ist ein gefundenes Fressen für Verhaltensforscher und Kabarettisten, aber sie sind absolut notwendig zur Verhaltensregulierung. Die alten Römer waren den Wissenschaftlern aus der aktuellen Presse weit voraus. Sie haben das Verhalten der Menschen in bündige Worte gefasst: *Homo homini lupus est*. Zu Deutsch: Der Mensch ist dem Menschen ein Wolf.

Der Aggressionstrieb begegnet uns bei Mensch und Tier Hand in Hand mit einer Fülle anderer Instinkte. Für die Lust, die Verliebtheit und die Angst haben wir das gestreift. Im nächsten Abschnitt kommen wir auf Umwegen zur plötzlichen ungefesselten Wut, den Jähzorn.

Zu wenig Aggression ist das Hauptproblem

Wenn wir die Wut verstehen wollen, müssen wir zuerst einige weitere Grundlagen erarbeiten. Der Aggressionstrieb ist – wie dargelegt – unverzichtbar zum Steuern des menschlichen Miteinanders. Von dessen feiner Austarierung und auf die jeweilige Situation bezogener Ausprägung hängt das gesellschaftliche Wohl und Wehe eines jeden ab. Bei anderen Emotionen wissen wir, dass ein Mensch mit ADS nicht das rechte Maß finden kann. Immer wieder zeigen sich (und das oft im selben Menschen vereint) Paare von Extremen: Waghalsigkeit – Angststörung, körperliche Hyperaktivität – Verträumtheit, fordernde Lust – gelangweilter Sex, Fettsucht – Magersucht, intensive Konzentration – geistige Abwesenheit, geringes Schlafbedürfnis – ständige Müdigkeit. Unzureichende Impulssteuerung oder besser mangelhafte Feinabstimmung von Gedanken, Gefühlen und Motivationen sind die Schlagworte.

Im gleichen Fahrwasser bewegen wir uns mit dem Aggressionstrieb. Die Arztbriefprosa, die nun wörtlich zitiert wird, spricht für sich:

Patient P.

»Im Fragebogen zur Erfassung von Aggressivitätsfaktoren zeigt P. erniedrigte Werte bei Erregbarkeit und Aggressionshemmung.« Zu Deutsch: Ärgert sich sehr spät, aber wenn, schlägt er das Mobiliar klein.

Übrigens war P. zur Zeit dieser Feststellung 13 Jahre alt und war wegen einer Depression als Folge von Mobbing in stationärer psychiatrischer Behandlung. Im Krankenhaus hat man ihm nicht helfen können, was P.s Schuld gewesen sei, so konnten seine Eltern im Entlassungsgespräch heraushören. Eine Kombinationsbehandlung mit Methylphenidat und Zoloft, einem Antidepressivum, machte es nicht besser, im Gegenteil.

Patient R.

»Es wird deutlich spürbar, dass es bei möglichen Missverständnissen schnell zu zunehmender Spannung und heftigen Debatten kommen könnte. Der Patient wirkt oft wie kurz vor einer Explosion.« Zu Deutsch: Nur die maximale Willensanstrengung dieses Patienten, vereint mit der allergrößten Vorsicht des Therapeuten, haben schwere Ausbrüche von Jähzorn verhindern können. Achtung, dieser Mensch ist eine Gefahr für sich und andere!

Dieser Klient ist 41 Jahre alt und am Ende einer Karriere als Gemobbter. Das Zitat stammt aus dem Bericht einer Psychosomatischen Fachklinik, in der er wegen eines körperlichen Zusammenbruchs landete. Seine Bekannten erzählen, dass sie an diesem Mann besonders seine Ruhe und Geduld schätzen. Sie berichten damit das genaue Gegenteil von dem, was im Arztbrief steht.

Was haben diese beiden Patienten gemeinsam? Was zwingt deren Umgebung, inklusive des Personals der Psychiatrie, sie auszugrenzen?

»Erniedrigte Werte bei Erregbarkeit« ist das Stichwort. In einer Gruppe von Menschen laufen ständig versteckte aggressive Handlungen ab. Sie dienen dazu, laufend die Rangstellung der Mitglieder im Verhältnis untereinander festzustellen. Wenn einer nicht beizeiten aufmuckt, wird er als gutmütiger Trottel so lange geärgert, bis er sich rührt. Bis hierhin ist alles noch im grünen Bereich.

Nun hatte P. auch »einen erniedrigten Wert der Aggressionshemmung«. Wenn ihn seine Klassenkameraden endlich so weit hatten, dass er sauer wurde, kam es sofort zu einem Ausbruch von Jähzorn. Das galt nun als gänzlich »daneben«. Eine Trantüte, die unverhofft und völlig unberechenbar um sich schlägt!

Noch immer ist nichts Schlimmes geschehen. Jetzt aber begann die Gemeinschaft P. zu fürchten. Gleichzeitig wurde er ein beliebter

Blitzableiter, um Spannungen in der Gruppe aufzulösen, indem man ihn gemeinsam ausgrenzte und mit kleinen Nadelstichen in Rage brachte. P. seinerseits steigerte sich immer mehr in eine wütende Stimmung hinein. Im Verkehr mit seinen Klassenkameraden wurde die Aggression zum bestimmenden Gefühl. Er hatte mittlerweile eingeübt, immerzu wütend zu sein. Fehlkonditionierung wird solch ein Lernen in die falsche Richtung von Verhaltensforschern genannt. Lernprozesse und die bei ADS gegebene Tendenz, Emotionen aufzuschaukeln, gingen mit gruppendynamischen Prozessen eine unauflösbare Allianz ein.

Das Ende war, das P. völlig erschöpft, geradezu apathisch in der Ecke saß. Dann kam er in das Getriebe der Psychiatrischen Jugendstation. Wieder herrschte ein hoher Gruppendruck. Zusätzlich kam hinzu, dass bei Kindern und Jugendlichen mit ADS eine rigide Verhaltenstherapie »State of the Art« (Mode) ist. Natürlich wurde unter solchen Bedingungen der Lernprozess in die falsche Richtung noch unterstützt. Die Psychiater haben dann mit immer größeren Dosen von Medikamenten erfolglos versucht gegenzusteuern. Am Ende verfestigte sich der Eindruck: »Der will gar nicht, dass man ihm hilft.«

Erschwerend kam hinzu, dass auf der Jugendstation viele Frauen arbeiteten. In Gruppen von Frauen ist es üblich, die Machtfrage mit subtilen Mitteln täglich aufs Neue zu klären. (Das haben wir mit den Schimpansen gemein, es handelt sich um ein viele Millionen Jahre altes Erbgut.) Die dafür nötigen feinen, unauffälligen Gesten und die Allianzen in der Gruppe bekam P. nicht mit. Der offene Reizfilter und die Unkonzentriertheit haben verhindert, dass er die jeweilige Situation richtig deuten konnte. Dass eine Krankenhausstation ein wunderbares verhaltensbiologisches Experimentallabor ist, wissen wir schon lange. Dem jungen Patienten war allerdings gar nicht nach Experimenten zumute. Wie hätte man denn helfen können? Wie ihn von seiner Wut und ihren zerstörerischen Folgen befreien?

Was könnte helfen?

Wir schauen erst einmal, unter welchen Bedingungen P. »funktionieren« könnte und mit ihm viele aus den 40% Kindern mit einer oppositionellen Komorbidität eines ADS. Von verlässlichen Zahlen bei Erwachsenen sind wir weit entfernt, der Jähzorn scheint aber auch bei ihnen eines der häufigsten Merkmale zu sein. Anschließend schauen wir uns an, wie ihm geholfen wurde.

Lebensumstände

Der Mensch lernt, solange er lebt. Soziales Lernen geschieht aber vorwiegend vor der Pubertät. Um sich später in Gruppen bewegen zu können, benötigt das Kind ein Übungsfeld. Wenn wir das oben Besprochene berücksichtigen, sollte solch eine Gruppe einige Bedingungen erfüllen: Wegen des Problems der Unaufmerksamkeit muss die Gruppe klein sein. Sechs bis acht Mitglieder sind maximal überschaubar. In der Gruppe sollten nicht allzu viele Rangstreitigkeiten nötig sein. Deshalb ist Verhältnissen mit einer festen Hierarchie der Vorzug zu geben. Unter Kindern kann man das am einfachsten durch eine Altersmischung erreichen. Um einem Hochschaukeln der Erregung in Wut vorzubeugen, sind körperliche Bewegung bis zur Erschöpfung und Auszeiten nützlich. Wenn es zur Ausgrenzung eines Mitgliedes kommt, muss von außen eingegriffen werden.

Gehen wir zurück in die Zeiten vor dem Autoverkehr. Die Kinder haben auf der Straße gespielt. Die Gruppen waren altersgemischt. Die älteren Kinder hatten unangefochten das Sagen. Alle haben sich viel bewegt (Fangen spielen, Fußball). Meistens waren weniger als zehn Kinder gemeinsam unterwegs. Wenn es zu üblen Gemeinheiten kam, haben die älteren Geschwister oder Eltern eingegriffen, schon um das nachbarschaftliche Verhältnis unter den Familien nicht zu gefährden. Rückzugsmöglichkeiten waren jederzeit gegeben.

Und heute? Mit drei Jahren kommt ein Kind normalerweise in den Kindergarten. Die Gruppen sind um die 20 Kinder groß und von relativ homogener Altersstruktur. Man bewegt sich zu wenig (das Wetter ist oft schlecht, und viele Eltern beklagen sich, wenn die Kinder mit schmutziger Kleidung nach Hause kommen). In der Schule beträgt die Gruppengröße 30 Kinder eines Jahrgangs. Von der überfüllten Klasse geht es auf den lauten, von Lärm erfüllten Schulhof, von Rückzugsmöglichkeiten keine Spur. Bewegung oder Sport, was ist das? Wenn einmal Sportunterricht stattfindet, dann in einer so großen Meute, dass ein Kind mit ADS nicht einmal bemerkt, wer den Ball hat. Gegen Mobbing sind schon die Erzieherinnen im Kindergarten machtlos, wie viel mehr die Lehrer. Einem jungen Menschen mit einer Aufmerksamkeits- und Impulsstörung wird es unter solchen Umständen unmöglich gemacht, soziale Verhaltenselemente zu erlernen. Er geht nicht nur durch die Hölle, er wird auch zum Verhaltenskrüppel.

Was kann noch getan werden? Lediglich mit einer Verhaltenstherapie das auszugleichen, was die anderen Kinder über ein Jahrzehnt täglich mehrere Stunden geübt haben, erscheint wenig aussichtsreich. Wer trotzdem behauptet, er könne das, glaubt er sei weiser als der liebe Gott (was in der Medizin allerdings nicht selten wäre!). Die durchgeführten Studien stellen einer alleinigen Verhaltenstherapie tatsächlich ein schlechteres Zeugnis als der alleinigen Pharmakotherapie (also mit Tabletten) aus.

Medikamente

Mit Medikamenten kann man doch etwas machen, meinen viele. Vorsicht! Die Geschichte des jungen P. zeigt, dass es mit Pillen allein nicht getan war, davon hat er reichlich gehabt. Das Umfeld muss ebenso stimmen. Für den Patienten aus dem zweiten Beispiel gilt dasselbe.

Dennoch: 90% der Kinder mit ADS profitieren von irgendeinem der vielen Psychostimulantien. Diese wirken segensreich auf die

Aufmerksamkeit: Das Kind bekommt endlich mit, was in seiner Gruppe »abgeht«. Leider merkt es bei einer neu begonnenen Medikation auch erstmals, was alles gegen es selbst läuft, und kann daran verzweifeln. Darum muss der Therapiebeginn eng begleitet werden. Des Weiteren machen Stimulantien ein klein wenig aggressiv. Sie erinnern sich: Die auslösende Schwierigkeit war, dass sich P. zunächst nicht rechtzeitig gewehrt hat. Das Problem der »erniedrigten Erregbarkeit« kann angegangen werden, indem mit einem Medikament der Aggressionspegel heraufgeschraubt wird. Durch rechtzeitiges Signalisieren des »Langsam-sauer-Seins« kommt seine Umgebung gar nicht auf den Gedanken, den Probanden zur Weißglut zu treiben. Stimulantien erleichtern es auch, die Handlungen der umgebenden Personen richtig zu deuten. Die Anlässe zum Jähzorn werden seltener. Häufig reicht diese Medikation alleine aus, eine angemessene Stellung im Klassenverband zu behaupten und ein gutes soziales Verhaltensrepertoire zu erlernen. Genau das, und nicht etwa bessere Noten oder die »Ruhigstellung«, ist die wichtigste Indikation für Stimulantien im Alter zwischen 3 und 18 Jahren!

Eine Droge, die aggressiv macht, wird somit erfolgreich gegen fehlgesteuerte Aggressionen eingesetzt! Das ist nicht selbstverständlich. Die Mächte, die den Zweiten Weltkrieg geführt haben, sind mit vergleichbaren Mitteln anders umgegangen. Die Kriegsherren haben sie in hoher Dosierung missbraucht, um die Soldaten in Kampfeswut zu versetzen. Bei einigen Erwachsenen mit ADS scheint der böse machende Effekt ausgeprägter zu sein als bei Kindern. Das ist eine leidige Erfahrung auch aus friedlicher Anwendung.

Manche Berufstätige und Mütter mit ADS benötigen dringend z.B. Methylphenidat oder Amphetamine, um ihrer Unaufmerksamkeit und Desorganisation Herr zu werden. Wenn sie dauernd aggressiv angespannt sind (ganz egal ob angeboren oder durch langjährige Fehlkonditionierung), wird das bei vielen durch ein Stimulans noch verstärkt. Im täglichen Leben ist mit solchen Leuten schlecht auszukommen: Frauen schimpfen dann wegen der kleinsten Banalitäten. Männer sind nörgelnd und misslaunig, manche werden gefährlich, sie »stehen kurz vor einer Explosion«. Noch schlimmer ist, dass der andauernd erhöhte Adrenalinspiegel ihnen neben dem Nachtschlaf auch die sonstige Gesundheit raubt. Der ältere Klient aus den obigen Beispielen ist Opfer dieses Mechanismus geworden.

Alte Hasen unter Therapeuten (für ADS sind die noch sehr selten!) lindern die Spannung durch geringe Dosen geeigneter Antidepressiva. Nebenbei kann damit einiges an stimulierender Medikation eingespart werden. Bis eine Kombinationsbehandlung so eingestellt ist, dass der Patient damit gut zurechtkommt, dauert es mindestens einige Wochen, meistens einige Monate. Arzt und Patient müssen ein Team bilden und viel Geduld miteinander haben. In unkundiger, auch darin unerfahrener fachärztlicher Hand sind solche Kombinationen gefährlich. Da niemand genau weiß, was moderne Antidepressiva bei Kindern an Spätschäden verursachen, sind solche Kombinationen im jugendlichen Alter ohnehin nur die Ultima Ratio (wenn sonst gar nichts geht, der letzte Versuch). Auch für die günstige Wirkung kann nicht gebürgt werden. Viel Fingerspitzengefühl ist nötig. Dem jungen P. ist mit einer solchen Kombinationsbehandlung in der Psychiatrische Uniklinik einiger Schaden zugefügt worden.

Ein Baustein kann eine Verhaltenstherapie sein, am besten in Gruppen. Der soziale Druck ist für den Einzelnen geringer, wenn er sich auf mehrere Gemeinschaften verteilt. Ärger in der Schulklasse wirkt sich nicht automatisch in der therapeutischen Gruppe aus. Dieser einfache Mechanismus lässt sich bei Kindern wie bei Erwachsenen nutzen. Die Therapiegruppe ist dann eine unter vielen, die aber als Anker dienen kann. Wünschenswert dabei ist, dass der Therapeut über Jahre hinweg im Krisenfall als Ansprechpartner zur Verfügung steht. Da die Impulsgestörten immer wieder in unvorhergesehene Ausnahmesituationen geraten, muss diese Therapie wirklich langfristig angelegt sein. Das Ziel der Maßnahme ist nicht »Besserung sofort«, sondern »Bereitschaft zum Entschärfen einer Katastrophenlage«. Ich habe erlebt, dass auch ein Mitarbeiter der kirchlichen Jugendarbeit oder eines Sportvereins so tätig werden kann. Im Leistungssport gehört die seelische Unterstützung ohnehin zu den wichtigsten Aufgaben des Trainers.

Sport

Eine weitere Maßnahme ist ADS-geeigneter Sport. Ideal sind:

- Kleine Mannschaften, damit sie überschaubar sind.
- Anspruchsvolle Technik, damit die Konzentrationsfähigkeit geschult wird. Intensive Konzentration wirkt zusätzlich lindernd auf die typischen Erregungszustände.
- Hoher Ausdaueranteil, damit körperliche Erschöpfung eintritt.
- Mobbingfeindliche Konstellationen sind zu bevorzugen.
- Keine gefährlichen Sportarten bitte! Das schwierige Verhältnis zur Gefahr steht dem im Wege.

Diese Kriterien werden von einigen Sportarten größerenteils erfüllt. Unter anderen sind das: Rudern, Tennis, Judo, Karate, Schwimmen. Viele der beliebtesten Sportarten sind zweite Wahl, weil sie mobbingfreundlich sind (Fußball) oder zu gefährlich (Inlineskating, Skifahren). Der für den Zuschauer so langweilig wirkende Rudersport erfüllt alle Forderungen in fast idealer Weise.

Der Trainer muss wissen, dass ein ADS-betroffenes Kind meistens eine motorische Lernstörung hat. Es wird häufig sehr lange brauchen, um eine Sportart wie Judo oder Rudern zu beherrschen. Es kann dann aber zu Höchstleistungen geführt werden. Weil Sport ihm so gut tut, ist die Motivation über Jahre vorhanden, etwas Lob vorausgesetzt. Der Übungsleiter sollte bei anfänglichen Misserfolgen (Der lernt das nie!) die Geduld bewahren und motivieren können. Die Mühe des Trainers lohnt, auch sportlich!

Was hat geholfen?

Was ist bei dem 13-jährigen P. wirklich geschehen?

Zuerst haben ihn seine Eltern aus der Klinik geholt. Die Ärzte haben ihn »krankgeschrieben«, bis die Ferien kamen. Die Therapie mit Methylphenidat ist dauerhaft beibehalten worden. Das Antidepressivum wurde schrittweise (um keine Entzugserscheinungen zu provozieren) reduziert. Die Eltern, das Krankenhaus und die Schule haben engen Kontakt gehalten und sich abgestimmt.

Nach den Ferien ist er in eine Klasse tiefer gesetzt worden. Die alte Klassengemeinschaft hatte ein schlechtes Klima; da war P. als Blitzableiter gerade recht gekommen. Bei der neuen Klasse wurde darauf geachtet, dass die Gemeinschaft eine »nette Truppe« war. Die Lehrer waren vorzüglich über ADS und die Folgeprobleme informiert. Dazu hatte die Klinik mit einer Informationsveranstaltung entscheidend beigetragen. Ein Nebeneffekt des Heruntersetzens von P. war, dass er nun ein Jahr älter und dementsprechend körperlich kräftiger als seine neuen Klassenkameraden war. Der Zwang, ihn immer wieder auf seinen Rang zu überprüfen, verschwand nach der ersten Schlägerei. Die bei ADS beschriebene verzögerte psychosoziale Reife war kein Manko mehr; da glich er nun seinen neuen Klassenkameraden.

In den nächsten Ferien wurde das Antidepressivum gänzlich abgesetzt. Um jegliche Komplikationen zu vermeiden, geschah das auf einer mehrwöchigen Radtour mit seinem Vater. Die immer gleich geregelten Verhältnisse in den Jugendherbergen und die täglich zu radelnden 70 bis 90 Kilometer halfen, das schwere Stimmungstief aufzufangen. Dem Vernehmen nach hat es beiden von der zweiten Woche an Spaß gemacht. Später hat der Junge seine Begeisterung für den Rudersport entdeckt. Die Motivationslöcher, die bei ADS so lästig sind, konnte er mit viel Selbstdisziplin meistern.

Ein Jahr später war er auf allen sozialen Feldern beliebt und erfolgreich. Das galt in gleicher Weise in der Familie (wo er laut Mutter und Vater zuvor nicht zu ertragen war), in der Schule und im Verein. Wer hätte gedacht, was für ein tüchtiger sympathischer junger Mann aus solch einer traurigen, gehemmten und zum Überfluss auch noch jähzornigen »Verlierertype« werden konnte!

Möglich war der Erfolg nur, weil alle – Patient, Eltern, Lehrer und Ärzte – gemeinsam über ihren Schatten gesprungen waren!

12. Der Krieg

Im zwölften Kapitel gewinnt, wer Wut hat.

In Deutschland leben wir seit Jahrzehnten im Frieden, zum Glück! Über ADS im Krieg kann ich daher nur aus zweiter Hand berichten. Das allerdings recht gut, weil ich als Student oft im Altenheim gearbeitet habe. Die Leute dort haben in ihren hellen Stunden gerne erzählt, wann immer der Stationsalltag eine kleine Pause ließ. Ob und wer davon ADS hatte, ist im Nachhinein nicht zuverlässig bestimmbar. Hinweise gibt es dennoch reichlich.

Der alte Mensch ist kaum in der Lage, sein ADS zu kompensieren; es tritt ebenso ungeschminkt zutage wie beim Kleinkind. Heute, viele Jahre später ist mir manches über die Psychologie einiger sehr unruhiger, oft auch aggressiver Heiminsassen klar geworden. Speziell betrifft das jene, die durch Beruhigungsmittel umso unwirscher wurden.

Ich kann mich jedoch für das Vorliegen eines ADS bei demjenigen, der hier zitiert wird, verbürgen.

Übrigens haben die Personen, von denen solche kleinen Geschichten stammen, selten vom Krieg erzählt. Jedes Mal, wenn sie es taten, fasste sie das Grauen wieder an, und die Schilderungen waren recht schnell zu Ende. Sie fühlten sich in gleicher Weise als Täter und Opfer. Heute scheint mir, dass sie sich vor ihrer eigenen Rolle als Mitschuldige am stärksten gruselten. Ein Abgrund tat sich auf, in den sie nicht gern schauten.

Was hat ein Soldat mit einem Mörder gemein?

Bei diesen Geschichten handelt sich nicht um kriminelle Taten, sondern um »Heldentaten« für unser Vaterland. Die psychologischen Abläufe beim Täter und beim Helden gleichen sich in weiten Teilen. Für die Opfer ist es ohnehin unwesentlich, ob es ein Krieg oder ein kriminelles Verbrechen war. Weil sich die Abläufe dieser kleinen Geschichten mit den Erkenntnissen decken, die die moderne Wissenschaft über den Komplex ADS und Gewaltkriminalität gewonnen hat, erzähle ich Ihnen einige Kriegsgeschichten.

Sie verstehen leichter, was geschehen ist, wenn Sie die kleinen Geschichten vor Ihrem geistigen Auge wie einen Kurzfilm sehen.

Bild 1

»Die haben mich aus der Unterprima herausgezogen. Wer auf der höheren Schule war, musste Offizier werden. In der Grundausbildung haben wir viel gelernt. Das hat mir im Feld oft das Leben gerettet. Das stupide, stundenlange Exerzieren auf dem Kasernenhof habe ich immer gehasst, es war aber ein gutes Konditions- und Willenstraining. Einmal waren wir zum Appell angetreten. Ein Feldwebel ging die Front ab, um nach der Kleiderordnung zu schauen. Wegen irgendeines Kleinkrams an meiner Uniform trat er auf mich zu und griff mir an das Koppel. Da habe ich zugeschlagen. Der Kommandant hatte Gott sei Dank alles gesehen; er stand am Fenster. Der Feldwebel hätte mich nicht anfassen dürfen, das war gegen die Vorschrift. Deshalb ist mir weiter nichts passiert. Offizier konnte ich natürlich nicht mehr werden. Das war gut so. Sonst würde ich heute nicht mehr leben. Die Hauptleute mussten doch beim Angriff immer ihrer Kompanie vorausgehen und starben zuerst.«

Was war denn das? Explosiv freigesetzte körperliche Gewalt aus nichtigem Anlass. Eine Hemmung dieses Verhaltens konnte nicht stattfinden. Der Schlag war schneller als der Gedanke, ob es zweckmäßig sei, dem Gegenüber eins auf die Nase zu geben. Dieser Mensch mit seinem Jähzorn gleicht einer entsicherten schussfertigen Waffe. Der Feldwebel hatte in seiner Dummheit versehentlich den Auslöser berührt, ein Unfall sozusagen. Mit etwas Pech hätte die Angelegenheit vor dem Militärgericht geendet und im Strafbataillon dann tödlich.

Bild 2

»Wegen des Beschusses bin ich in ein Erdloch gesprungen. Da stand ich auf einmal einem russischen Offizier gegenüber. Der hatte die Pistole schon in der Hand. Bis er schießen konnte, hatte ich ihn mit meinem Klappspaten erledigt. Mit dem Spaten sticht man von unten nach oben zu. Ziel ist es, unter den Kiefer treffen, eine effiziente Nahkampfwaffe. Wir haben die Kanten immer messerscharf gefeilt. Eine Maschinenpistole ist noch besser; davon hatten wir damals leider viel zu wenig. Es ist gar nicht so einfach, einen Menschen zu töten! Der Russe hat es nicht fertig gebracht, obwohl er schon die Waffe in der Hand hatte. Offizierspack!«

Was ist hier geschehen? Auf der einen Seite ein Mensch mit intakter Tötungshemmung, ein »Normaler«. Auf der anderen Seite jemand, der nicht nur keine Tötungshemmung hat, sondern auch eine sehr grausame Waffe zu handhaben weiß. Die fehlende Hemmung hat es ihm erlaubt, so schnell zu töten, dass der andere keine Zeit hatte, seine Handlungssperre zu überwinden. Noch etwas ist festzustellen: Noch 30 Jahre nach dem Krieg war dem Erzählenden der Hass auf das »Offizierspack« (ganz gleich ob aus Roter Armee oder deutscher Wehrmacht) anzumerken. In anderen Berichten war es deren Mischung aus Unprofessionalität und Dünkel, die dem ehemaligen Obergefreiten noch Jahrzehnte später die Zornesröte auf die Stirn trieb. Schon die Erinnerung reichte aus, wieder einen erhöhten Aggressionspegel entstehen zu lassen. Das ist keine Situation, in die man sich gerne durch Erzählen versetzt.

Bild 3

»Wir saßen in einer Datscha und aßen Spaghetti. Sauce war keine da, trocken konnte man den Papp kaum hinunter bekommen. Wir haben also Wodka drüber gegossen, davon hatten wir reichlich. Auf einmal klirrte es: Partisanen hatten eine Handgranate durch das Fenster geworfen. Es ist keinem was geschehen, nur die Fenster sind durch die Explosion kaputt gewesen. Wir sind sofort raus und haben mit Maschinenpistolen geschossen. Getroffen haben wir keinen, wir waren viel zu besoffen. Nüchtern hätten wir die Scheißkerle erwischt. Mit einer MP über mehr als 50 Meter zu treffen, ist nicht ganz einfach. Da musst du das Feuer von oben nach unten führen, um Gewalt über die Maschinenpistole zu haben. Die zieht immer hoch. Nachts haben wir ohne Fenster vor Kälte nicht geschlafen. Diese Schweine! Der Wodka war's, aber ohne den wäre es in Russland gar nicht zum Aushalten gewesen.«

Als ich diese Geschichte gehört habe, hat mich erschüttert, wie viel Wut noch nach Jahrzehnten zu spüren war. Als besonders irritierend empfand ich, dass die Wut kaum dem Anschlag auf das Leben galt. Eine Handgranate ist kein Knallfrosch, sondern im Umkreis von fünf Metern durch ihre Splitter tödlich. Der Zorn bezog sich auf die schlechte Nacht. Bei mir entstand der Eindruck, dass das Stören des Schlafes als todeswürdig gesehen wurde. Der Groll aus dieser Nacht hatte im Gedächtnis des ehemaligen Landsers 30 Jahre Frieden überdauert. An sich hätte der Erzähler glücklich sein müssen, mit dem Leben davongekommen zu sein.

Weitere Geschichten dieser Art lassen keine weiteren neuen Aussagen erwarten. Der Erzähler dieser Kriegsgeschichten ist immer dieselbe ADS-tragende Person. Dieser Mann war alles andere als amoralisch, er war ein tief gläubiger Christ. Das unerträglich Böse, was er in Russland sehen musste, hatte ihn für ein Leben lang gezeichnet. Genau so schlimm werden die Abgründe gewesen sein, die er in sich selbst gefunden hat. Verzehrende Wut, explosiven Jähzorn, ungehemmte tödliche Aggression und tiefen Hass in sich zu finden, ist eine schwere Bürde.

Ist der Krieg nicht nur der Vater aller Dinge, sondern auch des ausgelebten ADS? Diese Frage drängt sich auf. Aber so weit müssen wir nicht gehen. Auffallend ist jedoch, dass die überschäumende Wut unter zivilen Verhältnissen in erster Linie für den *Angreifer* eine Gefahr ist. So war das auf dem Kasernenhof in Bild 1. Dieselbe Eigenschaft zusammen mit schneller Reaktion, Impulsivität und fehlender Hemmung (alles ADS-typische Dinge) wird im Gefecht zum entscheidenden Vorteil. Anders ist das Überleben gegen einen besser bewaffneten Gegner in Bild 2 kaum zu deuten. Des Weiteren ist es so, dass sich die Wut, dann auch Hass genannt, lange erhalten kann. So kann, ohne nennenswerten Anlass, ein zum Töten ausreichender Aggressionspegel verfügbar werden. Das zeigt der Jahrzehnte überdauernde Groll in den Bildern 2 und 3.

ADS ist im Kampf »Mann gegen Mann« ein entscheidender Überlebensvorteil! Das werden wir unter anderem Blickwinkel im nächsten Kapitel noch einmal streifen. Ein mit ADS behafteter Gegner ist unberechenbar und sehr gefährlich.

13. Der Zorn der Götter

Im dreizehnten Kapitel reisen wir in die Zeit, als sich noch Mut auf Wut reimte.

Ich habe versucht, die Begriffe »Wut«, »Kultur« und »Geschichte« zusammenzuführen, um eventuell etwas über ADS in anderen Gesellschaften zu erfahren. Das Erste, auf das ich gestoßen bin, waren die Berserker. Die Fürsten der alten Germanen hielten sich diese »Bärenhäuter« als Teil ihrer Gefolgschaft. Wenn keine Fehde auszufechten war, beschäftigten sie sich mit Müßiggang. Um diesem und ihrem Vergnügen zu frönen, schreckten sie nicht vor Totschlag, Erpressung und Notzucht zurück. Ihre herausragenden Eigenschaften im Frieden wie im Krieg waren der Jähzorn und eine rauschhafte Kampfeswut. In die Schlacht gingen sie nackt oder nur mit einer Tierhaut bedeckt. Sie griffen ohne Schild oder sonstigen Schutz an. Vor Wut buchstäblich schäumend, brachen sie in die feindlichen Reihen ein. Verletzungen beachteten sie nicht, Angst kannten sie nicht. Kaum ein Feind hielt ihnen stand. All die in den Kriegserinnerungen der Bilder 1 bis 3 des letzten Kapitels dargestellten Eigenschaften finden wir vereint, kulturell gestützt und zum »edlen« Handwerk des Mordens genutzt.

Machen Sie sich die Mühe, in der altgermanischen Literatur (in erster Linie aus dem alten Island, andere hat der »fromme« deutsche Kaiser Ludwig vernichten lassen) nachzulesen. Sie werden meine Einstufung der Berserker als aggressive Menschen mit Charakterzügen, die denen heutiger impulsgestörter Gewaltverbrecher ähnlich sind, bestätigt finden. Diese finsteren Eigenschaften sind dort in übersteigerter Form, sozusagen in Reinkultur zu finden und wurden als positiv, wenn nicht sogar als heilig angesehen. Die Fürsten haben damals solche Menschen mit Vorliebe um sich geschart. Schon um eine solche Gefolgschaft zu beschäftigen und regelmäßig mit Beute zu versorgen, wurde ständig Krieg geführt.

Was kann das nur für eine Kultur gewesen sein, die solche Monster hervorgebracht hat? Diese Frage dängt sich auf. Es ist logisch, sich als Nächstes den germanischen Götterhimmel der Mythen vorzunehmen. Wer oder was war Vorbild und Abbild dieser Kultur? Es sind Wut, Hass, Rache, Raub, Mord, Lug, Trug und ein wenig Unzucht.

Die starken Götter der Germanen

Wenn Sie laut, mit dunkler Stimme und gut betont »wütend« sagen und dann mit gleicher Kraft das Wort »Wotan« grollen, dann klingt ein wenig an vom Gott der Kampfeswut und des wechselnden Schlachtenglücks. Sein Wahrzeichen ist der Speer, die »Kalaschnikow« der Germanen. Er wurde als der wichtigste Gott angesehen. Seine Eigenschaften sind Hinterlist, Rachsucht und Kampfeswut. Nebenbei ist er der Gott der Dichtung. Das Oberkommando legte schon vor Jahrtausenden Wert auf gute Propaganda. Verehrt wurde er in erster Linie vom Adel, eben den Kriegsherren. Ihm gehörten die durch den Speer Gefallenen. Um diesen unberechenbaren Gesellen gnädig zu stimmen, wurden Menschenopfer dargebracht, Todesart Erhängen oder Erdrosseln. Die Nordgermanen nannten den Herrn des Männermordens »Odin«.

Älter als Wotan und von ihm über die Jahrhunderte verdrängt ist Ziu. Die Germanen trieben einen Sonnen- und Mondkult; so ist bei Caesar nachzulesen. Der alte Gott des Leben spendenden Tagesgestirns war Ziu, auch Tyr genannt. Sein Zeichen war der Speer, früher auch das Sonnenrad. Dieses Zeichen der Sonne wurde später von Hitler, dem kriminellen Massenmörder aus Braunau, als Hakenkreuz »recycelt«. In den Göttermythen begegnet er uns nur als wichtiger Kriegsgott. Seine Eigenschaften sind unbedingter Mut, Verlässlichkeit im Kampf und Missachtung von Verletzungen oder Schmerzen. Auch ihm wurde geopfert. Es waren Tieropfer (Pferde und Rinder, das eine ein Kriegswerkzeug, das andere ein wehrhaftes Tier) und Trankopfer. Praktisch können Sie sich eine Opferhandlung so vorstellen, dass die Herren in geselliger Runde am Feuer sitzend Fleisch und Bier bis zum Erbrechen genossen haben. Die Knechte haben dann die Knochen bekommen, die die Hunde übergelassen haben. Die Unterernährung der Niederen ist ebenso historisch gesichert wie die Gelage der Oberen. Sogar Ausgrabungen von Gräberfeldern belegen das. In frühen Zeiten wurde das Zeichen des Ziu auf einem von Rindern gezogenen Wagen mit in die Schlacht geführt.

Der Dritte im Bunde ist Donar, der Gott, nach dem wir den Donner nennen. Die wilde Wut des Gewitters war seine Welt. Er war der wichtigste Krieger im ständigen Kampf der Götter gegen die Unholde, die Jöten. Seine Eigenschaften sind immense Kraft, fürchterlicher Jähzorn und ein wenig Dummheit. Er schweift auf der Suche nach dem Feind unstet umher. Das Wahrzeichen ist der kurzgeschäftete Hammer oder das Doppelbeil, eine alte Wurf- und Hiebwaffe, noch aus der Steinzeit stammend. Er wurde von den einfachen Kriegern in Opferfesten mit reichlichem Genuss von Pferdefleisch und Bier geehrt. Sie werden ihn auch als Thor, wie ihn die Wikinger nannten, kennen.

In Hollywood leben sie noch

Wenn Sie sich mit den Kriegsgöttern der Altvorderen vertraut machen wollen, lesen Sie besser kein Buch. Setzen Sie sich auf das Sofa und holen sich einen Film wie den »Terminator« oder »Rambo« auf den Fernsehschirm. Schon haben Sie Thor oder Donar vor sich: Dumm und daher frei von Zweifeln. Stets unterwegs, das »Böse« zu finden, um es zu vernichten. Unendlich stark und voll heiligem Zorn. Gewiss, er wird die Welt noch vor Sendeschluss von den dämonischen Mächten reinigen. Während er damit beschäftigt ist, gibt es gleichzeitig ein pyrotechnisches Spektakel, dahinter kann sich Donars Gewitter verstecken.

In solchen Filmen spielt auch Wotan oder Odin mit. Das ist meistens der Gegenspieler. Er ist dem Donar an Macht und Klugheit überlegen, an Kraft dagegen unterlegen. In Hollywood stirbt er drei Minuten vor Filmende, im wirklichen Leben gewinnt er, heute wie vor 2000 Jahren. Ziu oder Tyr hat Ähnlichkeit mit den Westernhelden, die John Wayne gespielt hat.

Zurück zu den Vorbildern unserer Ahnen: Diese kampfeswütige Gesellschaft, Asen genannt, führt einen ständigen Kleinkrieg mit unzähligen Scharmützeln gegen die Unholde, die Jöten. Die Mythen berichten, dass ein früherer Krieg gegen ein weiteres Göttergeschlecht, die Wanen, unentschieden ausging. Nach alter germanischer Sitte stellten beide Parteien Geiseln zur Sicherung des Friedens. So kamen die Fruchtbarkeitsgötter nach Asenheim. Das sind Njörd, bei Tacitus »Nert(us)« genannt, und seine unzüchtigen Kinder, der Freier und die Freia. Wenn Sie um jemanden gefreit haben (zwecks späterer Heirat), ist Ihnen dieser Wortstamm vertraut. Endlich sind es friedliche Gesellen: Opfertier und Zeichen ist das Schwein, das ebenso fruchtbar wie wohlschmeckend ist.

Im Kalender sind sie auch

So viele Kriegsgötter, so wenig Verstand. Sind diese Götter wirklich verehrt worden? Die Namen unserer Wochentage belegen es:

- Der Sonntag ist nach dem alten Sonnenkult benannt, Ziu ist der zuständige Gott. Später hat man dann gesagt, es sei der Tag des neuen Lichtes der Welt, Jesus Christus.
- Der Montag ist dem Mondkult, damit der weiblichen Fruchtbarkeit gewidmet.
- Der Dienstag führt wieder Ziu im Namen.
- Mittwoch war Wotanstag. Das wurde im späteren Deutschland von der Kirche abgeschafft. In England, Amerika und den Niederlanden dagegen nicht: Hier heißt es immer noch Wednesday (Wotan heißt auf Altenglisch Weo) und Woensdag.
- Die Nähe von Donnerstag und Donar »hört« man heute noch.
- Am Freitag wurde dem Freier durch Essen von reichlich Schweinefleisch gehuldigt. Die Kirche hat, um diesen Kult zu behindern, den wöchentlichen Fastentag am Freitag dagegengesetzt. Den Schweinefleischgenuss wie den des Pferdefleisches zur Abwehr des Heidentums gänzlich zu verbieten, war aus ernährungstechnischen Gründen in unserem Klima unmöglich.

Einzig der Samstag ist nicht heidnisch benannt. Er heißt nach dem Sabbat der Bibel und ist dem Gotte Abrahams geweiht.

Das ist unsere Woche: vier Tage für die Götter des heißen Zorns, zwei Tage für die Götter des Sexes und der Fruchtbarkeit. Nur der Samstag bleibt für den Gott der Liebe. Die Bedeutung, die in unserer Vorstellung von wünschenswerten moralischen Eigenschaften die Menschenliebe hat, hatte früher der unbeherrschte Zorn. Die Kampfeswut war die zentrale menschliche Qualität. Sie siegt selbstverständlich auch in der Abstimmung der Wochentage 4:1 über die Liebe. Den zweiten Platz belegt der Sex mit 2 Stimmen.

Dieser Tatbestand wurde von den Verständigeren unter unseren Vorfahren weder für gut noch für schön befunden. Auf Dauer kann ein Gemeinwesen mit einer solchen moralischen Basis nicht gedeihen. Als unsere Ahnen anfingen, aus vielen sich befehdenden Sippen Staaten zu bilden, musste sich etwas ändern. Deshalb ist beginnend mit den Goten, etwa von dem Jahre 300 an, die Christianisierung Germaniens so schnell vorangekommen. Nur die Skandinavier hinter den vielen Meeren und den vielen Bergen haben einige hundert Jahre länger gebraucht, zu einer besseren Religion zu finden.

Zu jeder Zeit (heute nicht weniger) konnte man allerdings daran zweifeln, dass die Bekehrung wirklich gründlich war. Anders ist das Comeback von Donar alias »Terminator« alias Arnold Schwarzenegger kaum zu deuten. Wenn wir frech wären, könnten wir behaupten, das Heim der Götter »Asenheim« läge heute in Hollywood und wäre in Sachen Propaganda auf dem neuesten Stand.

Was früher angesehen war, ist heute verpönt

Was soll dieser Ausflug in die finstere germanische Kulturgeschichte? Nehmen Sie die Eigenschaften des Obergefreiten mit ADS, der im zivilen Leben durch seinen Jähzorn und Hass behindert war. Lassen Sie seinen lebenslangen Kampf, diese zu unterdrücken, weg. Nun vergleichen Sie seinen angeborenen »Gemütsfehler« mit dem Naturell der germanischen Leitbilder: Es wird Ihnen eine weitgehende Übereinstimmung auffallen. Dieser Charakter wäre unter unseren Vorfahren weniger eine Last als eine Bestimmung zu einer Führungsposition gewesen. Andersherum hatte ein ausgelebter Hass und Zorn der Herrschenden nicht nur Auswirkungen auf den Götterhimmel, sondern prägte eine ganze Gesellschaft.

Es wird mit zunehmender Kenntnis des ADS nur zu offensichtlich, dass sich in unserer Vorgeschichte Kultur und die Erbanlage der Impulsstörung gegenseitig bedingen. Damit ist übrigens nichts über die absolute Häufigkeit der Gene gesagt, wohl aber über die Häufigkeit im damaligen Adel. Manche geschichtliche Vorkommnisse, etwa in der Völkerwanderungszeit, erhalten eine zusätzliche Erklärung. Warum waren diese Leute nur derartig unstet …?

14. Der Ärger

Im vierzehnten Kapitel reimt sich Wut auf Gut.

Schauen wir uns einmal einen normalen Schultag aus der Sicht eines 17-jährigen Schülers mit ADS an:

»*Um sieben Uhr klingelt der Wecker. Bin so müde, noch einmal umdrehen, fünf Minuten extra Schlaf. Als Mama ruft, ist es halb acht. Frühstücken geht nicht mehr. Angezogen, Tasche gegriffen, auf das Rad, der Bus ist eh weg. In letzter Sekunde komme ich pünktlich, erste Stunde Mathe. Hatte Julia im Bus sehen wollen, war wohl nix – und ärgern.*

– Mathearbeit zurückbekommen. Ohne die Flüchtigkeitsfehler wäre es eine 2 geworden, so nur eine schwache 3 – und ärgern.

– Vergessen, dass heute statt Hallensport Schwimmen ist. Kein Schwimmzeug dabei, mitleidiges Lächeln von Sportlehrer Theissen und den Spruch, ob ich prinzipiell keinen Sport machen wolle. Es war das zweite Mal in Folge – und ärgern.

– Nach der Schule völlig erschöpft eingeschlafen und Basketball verpennt. Der Trainer ist ganz schön sauer – und ärgern.

– Nicht richtig mitbekommen, wo die anderen sich treffen wollen, war wohl weggeträumt gewesen. Die falsche Kneipe angefahren – und ärgern.

– Auf einmal festgestellt, dass ich vergessen habe, die Physikaufgaben für morgen zu machen. Dabei schreiben wir einen Test. Kann mich aber nicht mehr konzentrieren, zu spät – und ärgern.

– Vor der Glotze hängen geblieben, zu spät ins Bett gekommen. So wird das auch morgen früh nichts mit Physik – und ärgern.

Der ganz normale Wahnsinn macht sauer

Offensichtlich genügen schon die übliche Unaufmerksamkeit, die Desorganisation und die folgende Erschöpfung, um sich berechtigt über sich selbst zu ärgern. Solch ein Tag sieht bei einem Büroangestellten mit ADS oftmals ähnlich aus. Eine Mutter, die den Haushalt mit mehreren Kindern organisieren muss, ist auch nicht besser dran.

Ärgern über sich selbst, heißt Aggression gegen sich aufzubauen, bis in den Bereich, an dem sie wirksam wird. »Wirksam« will meinen, bis sie zum Handeln zwingt. Zwingt, den Grund des Ärgernisses abzustellen. Unser Schüler wird, statt an seinen Unzulänglichkeiten zu verzweifeln, Matheübungsaufgaben unter prüfungsähnlichen Bedingungen machen. Der Computer wird eingespannt werden, um an Tests oder Trainingszeiten zu erinnern …

Jetzt erst recht!

Etwa um das 16. Lebensjahr herum können Sie bei vielen der schwer durch ADS gehandicapten Menschen eine Neigung zu aggressivem Verhalten feststellen, dass sie ihre Wut gegen sich selbst richten. Dieser Zorn wird dann der entscheidende Antrieb, Maßnahmen gegen all die Widrigkeiten zu ergreifen, an denen sie sonst zu scheitern pflegen. Das kann man zum Beispiel an den dann besser werdenden Schulnoten merken. Wenn sich diese Menschen überhaupt im modernen Leben eine Chance erarbeiten können, dann weil ihre Wut sie vorantreibt. Lehrer sagen dann: »Der ist ein Spätzünder.« Das Motiv des grimmigen »Jetzt erst recht!«, »Und ich schaffe es doch!«, »Was andere können, kann ich auch!« finden sie immer wieder in Biographien berühmter Menschen mit ADS.

Zorn auf sich selbst kann Flügel verleihen. Leider ist er ein schlechter Ratgeber. Oft werden die eigenen Kräfte falsch eingeschätzt, insbesondere verleitet er dazu, die eigene Belastbarkeit bis zum Letzten auszureizen. Die Erschöpfungsdepression, die nach einem Leistungsexzess auftritt, ist bei diesen Menschen von seltsamer Art. Die Aggression steht oft im Vordergrund – mal gegen sich selbst, mal gegen andere gerichtet –, begleitet von Umtriebigkeit, extremen Stimmungsschwankungen oft in Minutenschnelle und latenter Missstimmung von mal mürrischer, mal von tieftrauriger Sorte.

Es ist seltsam. Der fehlgesteuerte Aggressionstrieb ist verantwortlich für ein Wechseln des Erscheinungsbildes von ADS mit der Pubertät, durchaus zum Guten. Er ist ursächlich dafür, dass keine Resignation aufkommt, obwohl es allen Grund dafür gäbe. Dieselbe ungezügelte Eigenschaft, die im sozialen Leben eine schwere Hypothek darstellt, macht viele Menschen mit ADS überhaupt überlebensfähig und beflügelt manche sogar zu Höchstleistungen. Überkompensation könnte man das nennen. All das findet immer »auf dem Hochseil« statt – ohne Netz. Das Spiel mit der Wut ist ein Spiel mit dem Feuer, irgendwann einmal funktioniert es nicht mehr. Somatische (körperliche) Erkrankungen sind die Folge. Spätestens von dem vierten Lebensjahrzehnt an sind viele dann gesundheitlich nicht mehr dem Druck gewachsen, unter den sie sich seit der Pubertät gesetzt haben.

Lohn und Preis der Wut

Der alte Herr, der vom Krieg erzählte, hat unter der Hölle von Wut und Hass, die er in sich fand, ein Leben lang gelitten. Auf sich selbst gerichtet hat ihn der Ärger so weit vorangetrieben, dass er ein angesehener Wissenschaftler wurde. Später hat sich sein Zorn auch durch ständige Schmerzen, zunächst Migräne, später Rückenschmerzen bemerkbar gemacht. Von seinem zweifellos vorhandenen ADS hätte ein Beobachter nur bei sehr genauer Betrachtung mehr als einen mühsam gebändigten Jähzorn gesehen. Eine Wut, die wie ein Wachhund an der Kette zerrt, um losgelassen Fürchterliches anzurichten. Auf den zweiten Blick hätte der Beobachter Angst gesehen: Angst davor, jemanden zu verletzen, Angst davor, zur Unzeit laut zu werden, Angst vor größeren Gruppen von Menschen, Angst vor nicht kontrollierbaren Situationen, Angst vor allem vor sich selbst.

Paradoxerweise ist also der gegen sich selbst gerichtete Ärger bei vielen Menschen mit ADS das Werkzeug zum scheinbaren Ausheilen des ADS, wenn sie die Kindheit verlassen. Später übernimmt er eine wichtige Rolle bei der Entstehung der häufigen psychosomatischen Erkrankungen. Für einen Menschen der ADS hat, ist es unlösbar: Ohne Wut geht es nicht, mit auf Dauer auch nicht!

15. Die Trauer

Im fünfzehnten Kapitel macht sich die Trauer nützlich.

Wir versuchen die Trauer zu verdrängen – vergebens! Traurig zu sein, wer kennt das nicht! Schon Kinder können abgrundtief traurig sein. Weniges macht meinen kleinen Neffen so elend wie der Verlust seines handgestrickten Teddys namens Tata. Tata ist braun, hässlich und riecht nach alter Spucke. Der Kleine sollte froh sein, ihn los zu werden, aber die Liebe macht den Teddy schön und wohlduftend. Bisher hat sich Tata zum Glück immer wiedergefunden. So weit ist das zum Schmunzeln, die Trauer aber ist echt. Wenn ein kleines Kind alle Bezugspersonen verliert, kann es (und wird es in aller Regel) vor Trauer sterben.

Wozu trauern?

Erwachsene sind traurig bei Verlust der nahen Angehörigen oder beim Verlust des gewohnten Umfeldes oder einer lieben Aufgabe. So unbeliebt in unserer modernen Gesellschaft die Trauer ist, so sehr sind Menschen zu bedauern, die dazu nicht fähig sind. Warum um Himmels willen versuchen wir derzeit in einer trauerfreien Zone zu leben? Die Frage enthält einen Teil der Antwort.

Unsere Gesellschaft hat auf die Religion verzichtet. Kaum eine Religion ist in der Lage dem Leid und der Trauer einen tieferen Sinn zu geben, als die christliche und dort besonders die katholische Spielart. Das Leiden des Menschen gemeinsam mit Jesus Christus steht im unmittelbaren Zusammenhang mit der freudigen Vollendung im Himmelreich. Ohne Karfreitag gibt es kein Ostern! Wir haben mit dem Glauben den tieferen Sinn des Leides und damit auch der Freude über Bord geworfen.

Ein Mensch, der traurig ist, funktioniert nicht auf Knopfdruck. Seine Produktivität sinkt. Als Diener für die derzeitig herrschende Religion der Leistungsgesellschaft taugt er wenig. Zur Trauer kommt die Ausgrenzung. Wir nehmen heute an, alle lästigen, schmerzhaften, also die mit Leid versehenen Zustände seien behebbar. Wir entledigen uns solcher Zustände mit einer einfachen »Technik«: Wir nennen sie Krankheit und übergeben die Angelegenheit dem Reparaturdienst namens Medizin. Dessen Fortschritte halten die Illusion aufrecht, dass sich immer und überall eine passende Medizin findet. Die Leute, die davon leben unterstützen diesen Wahn. Bis auf wenige Zustände funktioniert das wirklich. Ich wäre auch der Letzte, der Grund hätte, sich über die Segnungen der modernen Medizin zu erheben.

Die Reparatur des »menschlichen Materials« ist aber nur begrenzt möglich. Denn sterben müssen wir alle. Aber nicht nur Meister Hein trotzt der Medizin, bislang auch die Trauer. Das tut sie, obwohl wir hochwirksame Medikamente dagegen haben. Kurzfristig geht die Trauer, aber sie kommt immer wieder. Warum? Was ist eigentlich Trauer? Wofür ist Trauer gut, wenn sie doch so weh tut?

Wir können hier nur einen Aspekt dieser komplizierten Frage nach der Trauer betrachten. Anstatt komplizierte Dinge aus dem Räderwerk des Gehirns anzugehen, können wir zunächst fragen: Was macht die Trauer? Sie haben selbst schon erlebt, dass es nach den traurigen Tiefs im Leben immer wieder bergauf geht. Es tun sich danach neue Perspektiven auf. Genau das ist die Funktion der Trauer. Nach dem Verlust naher Menschen oder wichtiger Lebensbereiche werden Körper und Seele bis zur Lähmung »herabgestimmt«. Nicht nur der Geist, sondern auch viele Körperfunktionen werden umreguliert. So hat die Trauer eine starke leibliche Komponente mit Veränderungen in der Krankheitsabwehr (Immunsystem), des Schlafes, des Essens, des Sexuallebens, der Körperhaltung usw. Das geht bis zur Veränderung des Körpergeruchs. Es ist eine Art unvollständiger Sterbensprozess: *Karfreitag.*

Dieser Prozess ist ebenso schmerzhaft wie wichtig. Wenn sich Ihr Computer an einer Aufgabe »aufgehängt« hat, so drücken Sie »Reset« und machen ihn für einige Sekunden »kalt«. Wenn ein Mensch einen nahen Angehörigen oder einen wichtigen Arbeitsbereich verliert, muss er sich ebenfalls neu orientieren. Das ist ohne den trauerbestimmten schmerzhaften »Reset« der Gefühle und des Denkens nicht möglich. Erst danach besteht die Möglichkeit zu neuen Ufern aufzubrechen: *Osterstimmung*. Ihr Computer erlebt das Ostern als »Boot« und Laden eines neuen Programms. Menschen, die im »Reset« hängen bleiben, oder das zu gründlich betreiben, werden als depressiv bezeichnet. Das ist eine sehr quälende Krankheit. Trauer ist weit schlimmer als Schmerz!

Menschen, die das »Neustarten« nicht schaffen, sind sehr benachteiligt. Das Leben unter geänderten Bedingungen neu aufzubauen, gelingt ihnen kaum. Sie schaffen es nicht, ein vollständiges neues Programm zu laden. Eine Verarbeitungsstörung, etwa eine posttraumatische Belastungsstörung (wenn jemand von einem schlimmen Erlebnis nicht freikommt) behindert sie. Hier zu helfen, gehört mit zu den vornehmsten und schwierigsten Aufgaben der Seelenheilkunde, ebenso wie der Seelsorge. Das Beichtgespräch hat, wenn es gut geführt wird, auch diese Funktion.

Wenn Sie sich einen Arm gebrochen haben, so wird eine Schiene angelegt, um die Knochen ruhig zu stellen. Der Arm wird »eingegipst«. Angenommen, Sie sollten wegen einer schweren Krankheit, beispielsweise einer Tuberkulose, einen ganzen Menschen ruhig stellen. Mit welchem »Gefühl« würden Sie ihn »eingipsen«, damit er sich schont und keine Dummheiten macht? Sie würden ihn sicher nicht vor Freude oder Verliebtheit tanzen lassen. Traurig müsste er sein! So sind sogar all die körperlichen Reaktionen, die mit der Trauer verbunden sind sinnvoll. Das geht hin bis zur Appetitlosigkeit zu Beginn der Trauer, um den Körper nicht mit zu viel Verdauungsarbeit zu belasten. Später, in der Kummerspeckphase bei beginnender Heilung muss der Körper wieder aufgebaut werden. Schlafbedürfnis, Antriebsmangel, Herunterfahren des überstimulierten Immunsystems, so muss es sein. Tatsächlich sind schwer Erkrankte in der Grundstimmung traurig. Das geht so weit, dass diese Verstimmung das erste Zeichen einer Tumorerkrankung sein kann. Ich habe das oft in der Tumornachsorge gesehen! Wochen oder Monate bevor die Ärzte den wachsenden Krebs finden konnten, war die Trauer da.

Das ist eine spannende Geschichte, über die wir noch viel lernen können: die körperliche und seelische Doppelfunktion der Trauer als Grundlage der Heilung und des Neubeginns. Weil eine unzeitige Trauer eine schwere Krankheit ist, unternimmt die Forschung erhebliche Anstrengungen, in das Gehirn zu schauen. Eine zweite Tendenz kommt hinzu: In der Gesellschaft sind die zumeist religiös gestützten Kenntnisse über den Umgang mit der Trauer verloren gegangen. So landen krankhaft Traurige, also Depressive, ebenso in der Psychotherapie wie die nicht Kranken. Die Vereinsamung, die immer mehr um sich greift, verschlimmert das noch. Ein riesiger Markt tut sich auf. Hilfe ist flächendeckend nötig.

Was geschieht im Gehirn bei Depressionen?

Das ist das Thema der modernen Neurophysiologie und Neuropathophysiologie (salopp formuliert: Wie funktioniert die Technik des Gehirns normalerweise und wie, wenn das System »hängt«?).

Bei einer Depression sind mehrere Funktionssysteme des Gehirns betroffen. Die Schaltkreise, die mit Noradrenalin arbeiten, gehen in die Knie, man spricht von »Noradrenalinverarmung«. Die mit Dopamin funktionierenden Verbindungen sind ebenfalls betroffen. Hier bestehen Verbindungen zu ADS, denn auch bei ADS besteht angeborenermaßen hier eine Minderfunktion. Der Serotoninstoffwechsel ist beeinträchtigt, und wieder handelt es sich um wichtige Systeme der »Datenübertragung«. Insgesamt ist eine Vielzahl wichtiger Regelkreise betroffen. Es besteht eine Ähnlichkeit mit ADS, wo das angeborene Defizit im dopaminergen, vermutlich auch im noradrenergen System, eine Vielzahl von weiteren Veränderungen nach sich zieht. Die Folgen, etwa auf die miteinander verbundenen Fähigkeiten, sich zu freuen und etwas Neues zu lernen, sind verblüffend.

Bei Depressiven funktioniert das Belohnungssystem nicht. Es ist trist, wenn man sich an nichts erfreuen kann. Freude ist aber ein wichtiger Aspekt beim Lernen. Angenommen, ein Mensch mit einem schlechtem Belohnungssystem will ein Kartenspiel lernen, beispielsweise Skat. Wenn er die Regeln anwendet, also richtig spielt und deshalb gewinnt, so wird er sich daran wenig freuen. Daher merkt er sich nicht, warum und wie er gewonnen hat. Wenn dagegen etwas schief läuft, registriert er das sofort. Diese Wahrnehmung ist bei ihm nicht gestört. Versuchen Sie einmal jemanden ohne Selbstbelohnung das Kartenspielen beizubringen! Oder machen sie mit ihm gar Verhaltenstherapie! Das ist ein zähes Unterfangen! Ausdauersport oder körperliche Arbeit helfen interessanterweise dagegen, indem sie die »Chemie« im Gehirn umregulieren. Mit der Motivation und Aufmerksamkeitssteuerung ist es nicht besser. Es ist schlimm, wenn man sich zu nichts aufraffen kann, und unkonzentriert Fehler über Fehler macht. Hier ist eine qualifizierte Mitarbeit der vorderen Großhirnanteile unverzichtbar.

Die Mandelkerne tief im Gehirn sind in der Trauer übereifrig. Diese beiden »Corpora Amygdala« haben eine entscheidende Bedeutung für die Aufmerksamkeit für Gefahren. Diese Stellen im Gehirn sind wirklich nicht größer als Mandelkerne. Aber sie haben es in sich! Die gesamte Welt erscheint nicht nur dunkel, sondern auch bedrohlich. Der Körper ist mit betroffen, das lässt sich am einfachsten an der Erhöhung der Stresshormone, etwa des Cortisol, messen. Sind diese Kerne auf Dauer tätig, so droht der Tod durch eine Stresserkrankung wie einen Herzinfarkt.

Bei wiederholter schwerer, auch begründeter Trauer lernt das Gehirn »schlecht drauf« zu sein. Die Mandelkerne werden dauerhaft übereifrig. Depression gebiert Depression. »Booten und Laden eines neuen Programms« wird umso schwieriger, je länger das dauert. Die Situation wird zunehmend auswegloser.

Die Mandelkerne haben es in sich. Sie sind Teil des »limbischen Systems«. Dieses System ist zentral an der Regulierung von Körperzuständen, ob Darmaktivität, ob Blutdruck oder Muskelspannung beteiligt. Im limbischen System tummeln sich auch die Emotionen von Lust über Wut bis Freude. Übrigens stammen die Mandelkerne in Teilen vom Riechhirn ab. Und tatsächlich kann man Stimmungen bestens mit Gerüchen manipulieren. Eine ganze Industrie lebt davon.

Auch mit Musik können Stimmungen beeinflusst werden! Mit mitreißender oder anrührender Musik kann ein aufgeregter Mandelkern »eingelullt« werden. Das kann man sogar messen. Glück wird empfunden. Glück ist zwar nicht messbar, aber die in diesem Zustand geringere Aktivität des Mandelkerns schon. Wie das zu messen ist, wird von Manfred Spitzer anschaulich beschrieben. Sie können einem ängstlichen Menschen, etwa einem Kind, keinen größeren Gefallen tun, als ihn rhythmisch zu wiegen und dabei zu singen. Diese Einsicht hat auch Auswirkungen auf therapeutische Aktivitäten.

Gemeinsamkeiten von ADS und Depression

Ein munterer Mandelkern kann auch nützlich sein. Tatsächlich ist seine Überfunktion nicht untypisch für ADS. Ich habe schon häufig die gestörte Feinsteuerung von Körperfunktionen und Emotionen angesprochen. Beides, Depression und ADS, lassen sich als unzureichende Modulation von Emotionen verstehen. Auch bei ADS schläft das Belohnungssystem. Darum sind diese Menschen so abhängig von anderen, die sie ausdrücklich loben. Nur so lassen sie sich zu langweiliger Arbeit motivieren! Selbst viele der Medikamente, die bei Depressionen helfen, lindern erfolgreich ein ADS.

Es gibt noch andere Berührungspunkte mit Depression: Abstürze gibt es bei ADS häufig. Sei es, weil sich mitten in einem Projekt die Langeweile ausbreitet und ein Weiterarbeiten verhindert (was ein guter Karrierekiller ist). Sei es wegen der häufigen Beziehungsprobleme oder des Stresses mit Kollegen. Einen Grund für ein »Reset« gibt es also häufig. Trauer ist ein häufiges Motiv im Leben eines ADSlers. Dabei muss es sich keineswegs um eine krankhafte Trauer, eine Depression handeln! Die Spätfolgen einer wiederholten schweren Trauer addieren sich zu den bestehenden Problemen und führen in der Konsequenz oft zu schweren körperlichen und seelischen Schäden.

ADSler erfahren in unserer sozialen Umwelt bestenfalls Unverständnis, häufiger Aggression und Schikane. Das haben Leute mit ADS mit den Depressiven gemeinsam. »Deprivation« heißt der Zustand, wenn vor lauter üblen Dingen die Fähigkeit, sich zu freuen und am Leben unter Menschen teilzuhaben, verloren geht. Depressive und ADSler erleiden den gleichen Folgeschaden, der seinerseits wieder Depressionen auslöst.

Übererregbarkeit der Emotionen mit heftigen Schwingungen ist nicht irgendein, sondern das wichtigste Merkmal des ADS. Dabei kann sich in der Tat eine mehr als traurige Stimmung aufschaukeln.

Ich erinnere hier an Goethes »Werther«. Regulationsstörungen aller Art, natürlich auch von der traurigen Sorte, sind Tür und Tor geöffnet. Meistens finden sich beim Menschen mit ADS auch »überdrehte« Phasen. Auch das ähnelt einigen Spielarten der Depression mit zwischengeschalteten »manischen« Höhenflügen.

»*Rumination*« nennt der Psychiater die immer im Kopf »rund laufenden« traurigen und verzweifelten Gedanken eines Depressiven. Gleichartige Gedankenkreise sind für ADS ebenso typisch wie Stimmungsschwankungen. Einen Unterschied zur Depression gibt es jedoch! Die Gedankenkreise sind nicht zwangsläufig trauriger Natur. Es können auch phantasievolle Träume oder Planungen zu Projekten sein, wie wir beim ADS vom verträumten Typ angerissen haben. Natürlich werden diese Gedankenläufe in trauriger Stimmung nicht gerade fröhlich. Sie gleichen dann denen eines Depressiven.

Es besteht ein Suizidrisiko. Ebenso wie ein Leben mit Depressionen kann ein Leben mit ADS ungemein anstrengend sein. Eine Selbsttötung ist da ein immer wieder auftauchender Gedanke.

Sekundentraurigkeit

Den Begriff »Sekundentraurigkeit« haben Sie noch nirgendwo in der Fachliteratur gelesen. Denn den Begriff gibt es noch nicht. Bisher fragt noch kein Arzt seine Patienten gezielt danach. Das Phänomen der Sekundentraurigkeit ist nicht allgemein bekannt. Es handelt sich um eine überfallartige Trauer, die viele Menschen mit ADS ereilt, wenn sie unterstimuliert sind, das heißt übersetzt: wenn sie locker und komplett entspannt sind. Offenbar ist dem Gehirn die Ordnung durch die heftige Emotion weniger unangenehm als das komplette Durcheinander der Körper- und Geistesfunktionen durch ein versagendes dopaminerges System. Dieses Phänomen hat nichts mit einer Depression zu tun, obwohl es sich um eine heftige Trauer ohne angemessenen äußeren Anlass handelt!

Die Sekundentraurigkeit tritt bei Entspannung und Wohlbefinden auf und verschwindet schlagartig, wenn für anderweitige Anregung gesorgt wird. Sozusagen handelt es sich um eine »Hyperfokussierung« auf ein Gefühl. Übel daran ist, dass sie den Körper in gleicher Weise in Mitleidenschaft zieht wie eine echte Depression und wegen des plötzlichen Kommens und Gehens vermutlich beträchtlichen körperlichen Schaden anrichtet.

Nicht die Depression ist eng verwandt mit der Sekundentraurigkeit. Es ist der Impuls, sich selbst weh zu tun, wie es Menschen mit einer »Borderlinestörung« haben. Eng verwandt sind weiterhin Panikattacken, die aus dem Wohlbefinden auftauchen. Mit der Sekundentraurigkeit beliebig austauschbar ist die bei Langeweile plötzlich auftauchende körperliche oder seelische Unrast, der »Klassiker« bei ADS.

Was ist anders als bei einer Depression?

Getriebenheit und Unrast lassen dem ADSler kaum die Wahl. Er muss nach Abstürzen wieder aufstehen und an anderer Stelle von vorne beginnen. Tatsächlich habe ich in meiner von ADS bestimmten Umgebung oft gesehen, dass ein »Reset« durch Trauer über einen Misserfolg der erste und entscheidende Schritt für eine Neuorientierung war. Mit der alleinigen Behandlung der Trauer schwinden die Möglichkeiten neu anzufangen. Hier handelt es sich um einen fundamentalen Unterschied zur Depression!

Der ADSler »vergisst« die Trauer, solange er mit einer sympathischen Person spricht. Das ist ein weiterer wichtiger Unterschied. Vermutlich hat das zwei Gründe:

Zum einen liegt der Unterschied zur Depression darin, dass auch in der schlechten Stimmung die emotionale Schwingungsfähigkeit noch vorhanden ist. Zum anderen kann nichts das schlafende Belohnungssystem so gut aktivieren wie ein lebendiger Partner. Das funktioniert sogar, wenn das Gegenüber ein Tier ist. Daher ist der Reitsport eine gerne gewählte Behandlung. Im Gespräch mit einem ADSler merkt man es daran, dass er mit strahlendem Lächeln von der derzeit verheerend schlechten Stimmung berichtet. Wenn Sie so etwas erleben sollten, hat Ihr Gegenüber mit an Sicherheit grenzender Wahrscheinlichkeit ADS. Nehmen Sie solch einen Bericht ernst! Sobald Sie dieser Person den Rücken kehren, schlägt die verzweifelte Stimmung wie eine Woge über ihr zusammen. Um eine Vorstellung davon zu bekommen, schauen Sie sich doch einmal Fotos von Marilyn Monroe an. Sie machte das genau so, bis kurz vor ihrem Selbstmord.

Überlegungen zur Diagnostik und Therapie depressiver Menschen mit ADS

Ich bin kein Spezialist für depressive Erkrankungen. Ich kann lediglich aus der Sicht und durch die »Brille« ADS berichten. Es mag sein, dass sich einige Anregungen dennoch nutzen lassen. Insbesondere gilt das für ADS- Betroffene mit einer Depression und die mit der Fehldiagnose Depression. Beides gibt es häufig.

Es wird geschätzt, dass 10 bis 15 % der Bevölkerung im Laufe des Lebens eine Depression bekommen. Das ist also eine verbreitete Volkskrankheit, die unermessliches Leid verursacht. Die Zahlen schwanken stark von Studie zu Studie, ähnlich wie bei Studien über ADS. Sicher ist die Depression die häufigste psychische Erkrankung. Die Häufigkeit von ADS kann man auf 10 % schätzen, davon wieder die Hälfte mit dauerndem oder zeitweiligem Krankheitswert. Von dieser Hälfte leiden mindestens zwei von dreien an einer depressiven »Komorbidität«, wie einschlägig nachzulesen ist. Im Kindesalter sind es weniger, unser Ausbildungssystem sorgt dafür, dass sich das im Laufe des Lebens ändert. ADS wird bisher bei Erwachsenen nicht diagnostiziert, die »Komorbiden« verstecken sich in den Depressiven.

Das bedeutet: $^{2}/_{3}$ von 5 % sind etwa 3 %. Dieser Teil der Bevölkerung hat demnach ständig oder zeitweise ADS unter dem Bild einer Depression. Nehmen wir an, es gibt 15 % der Bevölkerung, die zeitweise unter Depressionen leiden, müssen wir schließen, dass mindestens ein Fünftel der Depressiven die falsche Diagnose haben. Vermutlich ist es sogar ein Viertel. Nach mündlicher Mitteilung von Dr. M. Winkler sind in den USA Studien in Arbeit, die von Zahlen bis zu 50% ausgehen. Irgendwo zwischen einem Fünftel und der Hälfte der mit »Depression« etikettierten Menschen haben also ursächlich ADS. Es sind genau die Menschen, die immer wiederkehrende oder kaum beeinflussbare depressive Symptome haben. Eines ist sicher, es ist ein massenhaftes Problem!

Es lohnt sich die Depressiven mit und ohne ADS zu unterscheiden. Denn die medikamentöse Behandlung ist bei gleichzeitiger Depression und ADS erfolgreicher, wenn sie auf das ADS abzielt.

Gesprächs-Psychotherapie wie bisher durchgeführt, hat bei ADS und »depressiver Komorbidität« bisher wenig Wirkung gezeigt. Die MTA-Studie belegt das für das Kindesalter. Bei Angststörungen ist das durchaus anders. Erfahrungen von Therapeuten stützen diese Annahme auch für das Erwachsenenalter (vgl. J. Krause und D. Ryffel-Rawak). Freilich werden Sie mit einem Psychotherapeuten schon das eine oder andere Bier trinken müssen, bis er das zugibt!

In unserer Selbsthilfegruppe war die Mehrzahl der Therapien ärgerlich oder schädlich. Wenn jemand aus der Gruppe sich wegen seiner »Depression« in eine Behandlung des Psychologen begeben will, warne ich ihn. Ich rate ungern ab, schließlich ist in solchen Fällen die Not so groß, dass jede Hilfe zu suchen ist. Mit Pillen allein ist es aber nicht getan! Ich bin überzeugt, dass Psychotherapie sehr wohl helfen könnte, wüsste man nur wie.

16. Die gescheiterte Therapie

Im sechzehnten Kapitel verzweifeln Therapeut und Patient aneinander.

Da wir nicht nach amerikanischer Weise sagen wollen: »Hilft nicht, also lassen wir es«, fragen wir: Was macht die Psychotherapie von Depressionen der Menschen mit ADS so schwierig? Ich möchte einige Thesen dazu aufstellen, warum Therapien scheitern. Nie werden alle zutreffen, in jedem Fall aber einige!

These 1: Die Unterordnung unter den Therapeuten ist unerträglich

Ein seltsamer Satz: »Unterordnung unter«. Diese »Unterordnung« ist in der Tat eine mehrfache. Die meisten Menschen, die sich mit Trauer und ADS in Behandlung begeben, haben ein Martyrium im Umgang mit Autoritäten hinter sich gebracht. In der Schule ständig gemaßregelt, in der Ausbildung missverstanden, im Beruf fertig gemacht – da kann man Vorgesetzte, Lehrer und Besserwisser aller Art von Herzen hassen lernen.

So ist es denn tatsächlich so, dass der eingeübte Reflex, bei jedweder Unterordnung Gefahr zu wittern, sofort das Adrenalin ansteigen lässt. Dieser Vorgang ist, wie wir mittlerweile aus der Traumaforschung wissen, nicht willentlich steuerbar. Den hohen Blutdruck kann man aber messen. In solch einem Zustand ist eine konstruktive Zusammenarbeit mit dem Menschen nicht möglich. Der Patient ist vollständig damit beschäftigt, sich zusammenzunehmen und seine Aggression nicht allzu deutlich werden zu lassen.

Dieser Effekt wird dadurch verstärkt, dass der Patient, wenn er sich in Therapie begibt, meistens katastrophale Misserfolge hinter sich gebracht hat. Er ist oft nur aus diesem Grund in eine schwere Trauer geraten. Das zerstörte Selbstwertgefühl sorgt dafür, dass er sich automatisch in die unterlegene Position begibt. Diese Position kann er dann nicht ertragen. Der Therapeut ist daran unschuldig, fühlt aber die Wut. Diese an sich abgleiten zu lassen, mag mit viel professioneller Distanz gelingen.

Diese Distanz macht es aber unmöglich, einen Zugang zum ADSler zu gewinnen. Kurz: Die überfleißigen Mandelkerne machen eine Therapie subjektiv zu einem bedrohlichen Zustand. Der Behandelnde wird als Gefahr wahrgenommen. An den Leidenden überhaupt heranzukommen und ihn zu einer echten Zusammenarbeit zu bewegen, wird zum Lotteriespiel. Gewinne sind selten.

Kirsten beschreibt das folgendermaßen: *»Ich hasse Therapien. Es* *ist immer dasselbe. Ich rege mich derartig über den Therapeuten auf, kaum zum Aushalten. Das geht ganz schnell. Dann will ich ja höflich sein und schlucke es runter. Nach einigen Therapiestunden stehe ich so unter Druck, dass das keinen Sinn mehr macht. Anschließend geht es mir schlechter als zuvor.*«

Kirstens Lebensweg ist trotz Hochbegabung mit Misserfolgen gepflastert. Die Therapien haben einige weitere hinzugefügt. In die Behandlung kam sie wegen ihrer Trauer über die Misserfolge, fehlgedeutet als Depression. Dazu hat sie, und das ist ihr Hauptproblem, ADS-bedingte Stimmungsschwankungen schwersten Ausmaßes. Diese sind mit Maßnahmen wie Sport, Musik und Tanz beeinflussbar. Noch besser wirksam sind Medikamente, die mangels der richtigen Diagnose nicht gegeben wurden. Mittlerweile ist das Misstrauen gegen Ärzte so tief, dass sie verschriebene Medikamente nicht nehmen würde.

Das was Kirsten schildert, ist der häufigste Grund für scheiternde Behandlungen. Der Misserfolg stellt sich binnen fünf Minuten ein. Die Not des Patienten, der händeringend Hilfe sucht, bringt ihn dazu, sich einige Stunden zu quälen. Dabei steigern sich Wut und Verzweiflung immer mehr, weil bei ADS jedes Gefühl dazu neigt sich aufzuschaukeln. Ein Therapieabbruch aus einem nichtigen Grund nach sechs Sitzungen ist ein häufiges Ergebnis. Zurück bleiben ein noch stärker geschädigter Hilfesuchender und ein den Kopf schüttelnder verhinderter Helfer.

Die Mitglieder unserer Gruppe, die die Klippe der ersten fünf Minuten gemeistert haben, hatten es mit einer sonst belächelten Sorte von Therapeuten zu tun. Diese gingen sehr offen und frei auf ihre Patienten zu und es entstand sofort eine intensive gegenseitige Sympathie. Meistens hatten sie selber ADS und mussten für ihr Mitfühlen durch Mitleiden zahlen.

Einer der großen Vorteile von Selbsthilfegruppen ist, dass sie mit diesem Problem nicht zu kämpfen haben. Ihren Stellenwert in der Betreuung aus der Bahn geratener ADSler sollte man nicht unterschätzen.

These 2: Ohne Erinnerung ist Vergangenheitsbewältigung schwierig

Das ist banal: Leute mit ADS erinnern sich nur an Weniges aus ihrer Jugend. Auch aus späteren Jahren bleibt erstaunlich wenig hängen. Wenn ein gut meinender Therapeut versucht, zweifellos vorhandene Verletzungen aus der Kindheit aufzuarbeiten, kommt es zu Problemen.

Darf ich Ihnen Fritz vorstellen? Fritz war mit den Diagnosen Depressionen und ADS in einer Reha-Klinik in Süddeutschland, eigentlich eine gute Adresse. Später erzählte Fritz mit seinem trockenen Humor Folgendes:

»Ich erinnere mich an nichts aus meiner Kindheit. Ich weiß bloß, dass ich täglich Schläge bekommen habe. In der Klinik wollte mein Therapeut das nicht glauben. Der hat gedacht, dass ich etwas vor ihm verberge. Irgendwann bin ich böse geworden. Dann war die Therapie zu Ende.«

Fritz hat seit seinem 14. Lebensjahr auf dem Bau gearbeitet. Hände hat er, wie Kohlenschaufeln. Bei 1,80 m Größe ist er 95 kg schwer, pure Muskeln. Er hat die angestrengte Überbeherrschtheit von starken jähzornigen Männern, die spüren, dass sie mit einem einzigen Schlag töten könnten. Zudem ist Fritz Westfale. Er denkt zuerst, redet dann langsam und meint, was er sagt. Der Therapeut war Rheinhesse oder Pfälzer. Redselig, den Körperkontakt suchend und überzeugt, dass Fritz im Gespräch »zu knacken« sei. Reden sei immer gut, glaubt man in diesem Landstrich. Durch sein ständiges Nachfragen machte er Fritz sauer. Der hatte doch schon deutlich gesagt, dass er sich an nichts weiter erinnere. In Westfalen gibt es wirklich so etwas wie ein letztes Wort. Die Situation glich zunehmend der, die Fritz in der Lehre erlebt hatte. Er war teils schikaniert, teils geschlagen worden.

Das Ende der »Therapie« können Sie sich so vorstellen: Therapeut und Fritz sitzen über Eck. Fritz starrt auf einen Punkt an der

Wand, sich mühsam beherrschend. Als der Therapeut erneut fragt, was er denn verbergen wolle, wird es still. Man könnte eine Nadel fallen hören. Fritz umkrampft die Armlehnen. Seine Fingerknöchel werden weiß, das Gesicht blass. Dann klappert es. Das Sesselchen von Fritz ist umgefallen. Er steht nun und zeigt vor Wut zitternd ein gutes Gebiss mit knirschenden Zähnen. Noch ein Klappern, der Stuhl des aufspringenden Therapeuten fällt. Dann knallt die Tür hinter ihm. Zurück bleiben zwei Birkenstocksandalen.

Der Supervisor dürfte den eifrigen jungen Mann vom Schrecken und dem Schock geheilt haben. (Ein Supervisor ist ein Therapeut, der Therapeuten von den Schäden befreit, die sie durch ihre Patienten bekommen oder sich untereinander zugefügt haben.)

Fritz musste, wie schon so oft, die Zeche zahlen. Wo hat es gefehlt? Nun an Basiswissen des Therapeuten über ADS hat es gefehlt. An Respekt vor einem gestandenen Handwerker hat es gefehlt. Vor allem hat es an Hochachtung gefehlt. Der Achtung, die jeder erfahrene Arzt vor der Leistung seiner Patienten hat, die trotz ihrer schweren Probleme (in diesem Fall von früher Jugend an) nicht aufhören zu kämpfen. Die Würde des Patienten war nicht Teil der Ausbildung.

These 3: Man kann über Gefühle nur reden, wenn man sie unterscheidet

Ich selbst war wegen zunehmender Probleme im Beruf und zahlreicher körperlicher Folgeerscheinungen mit viel Glück an eine Spezialistin geraten, die bei mir ADS und Depression diagnostizierte. Sie meinte es gut und empfahl mir, es – außer mit den frisch verschriebenen Tabletten – mit einer Verhaltenstherapie zu versuchen. Zu diesem Zeitpunkt hatte sich die Unterlegenheit der Verhaltenstherapie im Vergleich zu Medikation noch nicht herumgesprochen. Brav habe ich mich zum Therapeuten aufgemacht. Mein Leben lag in Schutt und Asche. In meiner Verzweiflung hätte ich noch ganz andere Sachen als Psychotherapie versucht.

Nun kann ich, genau wie die allermeisten Leute mit ADS, mein Gefühle nicht auseinander halten. Hunger, Trauer und Wut zum Beispiel kann ich nicht trennen. Genau so ist das bei den guten Stimmungen. Damals war mir das noch nicht bewusst. Wie sollte ich auch wissen können, dass es sich hierbei um ein zentrales Phänomen bei ADS handelt. Der junge Verhaltenstherapeut wusste um diese (für mich heute selbstverständliche) Seite des ADS auch nicht.

Es kam, wie es kommen musste. In der zweiten Stunde sprach er mich auf meine Ehe an. Außer der wiederholten Bemerkung, dass ich meine Frau liebe, bekam er nichts aus mir heraus. Ich konnte dazu nichts sagen, weil ich nichts dazu empfunden hatte. Er muss wohl davon ausgegangen sein, dass eine krankheitsbedingt schwierige Ehe sich in komplizierten Gefühlen niederschlägt. Naturgemäß habe ich ihm nicht weiterhelfen können. Zuerst habe ich mich dafür sogar geschämt. In mir machte sich das Gefühl breit, in einer wichtigen Sache anders zu sein, als ich sollte, ohne zu wissen wo und warum.

Irgendwas ist da verdrängt, verborgen, jedenfalls behandlungsbedürftig, dachte der Verhaltenstherapeut. Als er dieses Thema über mehrere Sitzungen nicht verlassen wollte, wurde ich sauer. Ich habe angefangen zu diskutieren, um Spannung abzubauen. Dem war der Therapeut nicht gewachsen. Am Ende wurde die Therapie von mir abgebrochen. Die Ahnung, dass diese Behandlung meine Ehe gefährdet, lies mich nicht los. Mir ist heute klar, zu Recht. Die Kraft, die mich dieser Behandlungsversuch gekostet hat, beschleunigte meinen Niedergang körperlich und beruflich. Ich war ohnehin schon mehr als fertig.

Mittlerweile kenne ich viele Lebensgemeinschaften, auch Ehen über viele Jahrzehnte, mit mindestens einem von ADS betroffenen Partner. Die ständigen grundlosen und heftigen Gefühlsschwankungen sind das größte Problem dieser Partnerschaften. Sie können nicht über differenzierte Emotionen gesteuert werden. Es fehlt auch daran, dass sich der ADSler seiner selbst und seiner Gefühle bewusst ist. Er ist sich aber sehr wohl des Partners bewusst, da liegt seine Stärke. Deshalb arbeiten diese Ehen nach sonst ungewöhnlichen Gesetzen. Ihr tägliches Heilmittel und Betriebsstoff sind Tugenden, nicht Gefühle, auch wenn das »geschwollen« klingen mag.

Das sieht so aus: Den ständigen Verletzungen durch Gefühlsausbrüche und impulsive Handlungen steht die Fähigkeit des Menschen mit ADS gegenüber, nicht nachtragend zu sein. Oft nimmt man seinen ADS-Partner dadurch ernst, indem man seinen momentanen Stimmungszustand *nicht* ernst nimmt. Vertrauen und unbedingte Hilfsbereitschaft (eine klassische Stärke der ADSler) sind weitere Stützen. Dazu kommt eine große Bereitschaft und Fähigkeit mitzufühlen. Respekt, gegenseitiges Loslassen und Fördern des Gegenübers ergeben sich daraus. Dabei ist auch viel Liebe und Dankbarkeit.

Diese Beziehungen sind turbulent und anstrengend, aber im Chaos doch erfolgreich. Ständig geschehen normalerweise unverzeihliche Taktlosigkeiten, Wutausbrüche und (oft zur Unzeit) Liebesbeweise. Wenn solch eine Ehe einmal funktioniert, dann besteht sie lange. Den Tod durch Langeweile und laue Emotionen stirbt sie jedenfalls nicht.

Aber was geschieht, wenn ein solches Paar anlässlich einer der häufigen Krisen in die Hände eines Beraters fällt? Der kennt sich in aller Regel nicht mit ADS und den besonderen Spielregeln aus. Paartherapien werden von diesen Paaren nicht selten abgebrochen, um größeren Schaden zu vermeiden. Es gibt viel Licht und viel Schatten, aber nie Grau in Grau. So kann man auch leben. Es gibt Menschen, die meinen, nur so sollte man leben.

Fassen wir noch einmal zusammen: Es macht keinen Sinn einen ADSler zu fragen: Was fühlst du? Vielmehr sollte man sagen: Du siehst so aus, als würdest du so und so fühlen! Wenn man ihn dagegen fragt: Was fühle ich?, bekommt man erstaunlich oft eine treffend Antwort. Ein Defekt ist gepaart mit einer großen Gabe, wie so oft bei diesen Menschen.

These 4: Sich »hineinsteigern« macht Patienten und Therapeuten blind

Das ist das kleine »Einmaleins« des ADS. Diese Menschen können sich in alles Mögliche hineinsteigern. Stimmungen, Gedankengebäude oder Projekte, immer sind es 100 % Engagement. Wenn ein Therapeut einem solchen Menschen ein in sich einigermaßen stimmiges Modell für seine Persönlichkeit bietet, wird er es sich schnell zu Eigen machen. Er sucht dann mit Fleiß und Einfallsreichtum alles, was dazu passt. Er »hyperfokussiert« darauf, liest, informiert sich, aber immer durch dieselbe Brille. Er kann oft genug seinen Therapeuten, der möglicherweise nur eine Vermutung geäußert hat, mitreißen. Er steigert sich erfolgreich in die Rolle z.B. einer Persönlichkeitsstörung hinein. Der Erfolg ist eine unsinnige Behandlung aufgrund einer falschen Diagnose.

Christoph ist es so ergangen. Er ist Physiotherapeut (früher sagte man Masseur). Er leidet stark daran, dass er alle Stimmungen seiner Patienten aufnimmt und sie nicht wieder loswird. Die Stimmungen von Schmerzpatienten sind naturgemäß nicht die schönsten. Entsprechend müde und erschöpft ist er, wenn er nach Hause kommt. Mehr als eine Halbtagstätigkeit kann er nicht ausüben. Etwas ändern kann er nicht. Es fehlt nicht an hochfliegenden Plänen, aber an Mut und Entscheidungsfreude.

Eines Tages kam Christoph wegen einer »depressiven Verstimmung« in Therapie. Gründe zur Trauer hatte er genug, war ihm doch fast alles, was er im Leben begonnen hatte in Scherben gegangen.

Durch Fehldeutungen, wie bei den Thesen 1 bis 3 besprochen, kam der Therapeut zu dem Vorschlag, es könne doch eine »narzisstische Persönlichkeitsstörung« vorliegen. Der Patient ergriff den Strohhalm, um alle bisherigen Missgeschicke endlich erklären zu können. Er hat sich monatelang derart intensiv mit seinem »Narzissmus« befasst, dass an Arbeit und andere Aktivitäten nicht zu denken war. Was unterblieben ist, war die Aufarbeitung der wirklichen Gründe zur Trauer. Was fehlte, war ein Arbeiten an tragfähigen Konzepten für die Zukunft, in Kenntnis der Möglichkeiten und Grenzen des ADS. Sein Zustand hat sich durch diese »Therapie« beileibe nicht verbessert.

Irgendwann hat er den Absprung geschafft. Sein Therapeut war ein solider Mann, kannte sich nur leider nicht mit ADS aus. Eine narzisstische Persönlichkeitsstörung hat Christoph nie gehabt. Er ist ein ganz normaler netter, verträumter junger Mann mit ADS. In seiner Gesellschaft fühlt man sich wohl. Seine Neigung (und Gabe!), sich intensiv hineinzufühlen, macht ihn anfällig für zwielichtige Hilfsangebote. Er ist derzeit einem Bauernfänger aus einer Psychosekte auf den Leim gegangen.

Auch wenn es sich nicht immer so schlimm entwickelt wie bei Christoph, wird fast jede Therapie durch dieses Sich-Hineinsteigern behindert. Ein Gedankengang, einmal gefasst, lässt den Patienten nicht mehr los. Er ist in diesen förmlich eingesperrt. Die Aufmerksamkeit für alles andere geht verloren. Nach außen wirkt das oft, als sei er nur auf sich selbst gerichtet. Egoman, so sagt man, drehe sich so jemand nur um sich selbst. Der Zustand für den Betroffenen ist ebenso unproduktiv wie unangenehm. Er gehört in die Kategorie des »Hyperfokussierens« oder der »Verträumtheit«.

Für den Helfer ist das, wenn er es merkt, ärgerlich. Er hat eine Stunde mit dem Patienten gearbeitet, ohne dass dieser davon etwas Verwertbares mit nach Hause nimmt. »Der Patient will gar nicht, dass man ihm hilft« ist der Gedanke, den man dann im Bericht findet. Wenn von »mangelnder Compliance« die Rede ist, ist genau das gemeint. Die beiden hätten besser »Mensch ärgere dich nicht« oder »17 und 4« gespielt. Das ist kein Scherz: Tatsächlich kann man das »Hineinsteigern« durch Spielen unterbrechen.

Leider läuft dieses Denkkarussell bei traurigen ADSlern besonders schnell. Psychostimulantien wie Methylphenidat wirken dagegen bestens. Übrigens sind auch Antidepressiva hilfreich. Ein »Rhythmisieren« der Behandlungsstunden kann helfen, das Karussell zu verlassen.

These 5: Die Aufmerksamkeitsstörung macht eine Therapie unmöglich

Ein gesunder Mensch mit ADS zwischen 16 und 60 Jahren hat eine Aufmerksamkeitsspanne von maximal 20 Minuten. Diese Spanne ist länger, wenn er sich in etwas hineinsteigert, was das Ende einer erfolgreichen Therapie wäre. Wenn dieser Mensch traurig oder erschöpft ist, kann die aufmerksame Zeit bis auf weniger als fünf Minuten sinken. Bei ADS mit einer Angststörung gibt es diese Falle nicht. Diese Menschen haben meist 20 Minuten Aufmerksamkeit, was die erfolgreichen Therapien möglich macht.

Der entscheidende Punkt bei der Behandlung der »Depressionen« von Menschen mit ADS ist, Aufmerksamkeit ohne Hyperfokussierung zu erreichen. Zur Linderung der Aufmerksamkeitsstörung sind die Stimulantien den Antidepressiva weit überlegen. Darüber hinaus gibt es eine Reihe Tricks aus dem pädagogischen Bereich, die erfolgreich sein können. Die Grundlage der Therapie von traurigen ADSlern ist zuallererst Didaktik. Didaktik ist die Lehre vom Lehren. Das gilt nicht nur für die Verhaltenstherapie. Das betrifft auch alle anderen therapeutischen Richtungen. Von den Lehrern abschauen, um die Konzentration des Patienten zu lenken, ist die Devise!

Es ist wichtig, einen Rhythmus von Konzentration und Abschweifung zu finden. Dazu ist es hilfreich zu wissen, wo die Stärken des Patienten liegen. Fast jeder hat besondere Fähigkeiten, die er ohnehin zum Entspannen und »Eintakten« einsetzt. Das kann Bratsche spielen sein; das kann Kopfrechnen sein, Malen oder Diskutieren. Sport und Bewegung hilft immer. Pure Worte bleiben Schall und Rauch. Über den Körper kann man diese Menschen besser erreichen. Wieder heißt es: »Rhythm is it!«

Es gibt aber noch ein Problem: Gut geschulte Therapeuten ohne tiefe Kenntnisse über ADS haben es schwer. Die durch Unaufmerksamkeit gegebenen Antworten passen oft nicht zu den gestellten

Fragen. Allerlei tiefe Probleme wie Vermeidung, Verdrängung oder Abwehr werden dann vom Therapeuten hineininterpretiert. Die falschen Vermutungen führen zu einer unsinnigen Gesprächsführung. Absurdes Theater dieser Art macht einen Patienten nicht gerade motivierter.

These 6: ADS an sich ist nicht zu beheben

ADS ist biologisch in einer Weise verankert, dass es sinnlos ist, an seinen Kerneigenschaften etwas »zu drehen«. Mit gesprächsgeführter Therapie geht es gar nicht, mit Medikation nur zeitweilig, solange sie wirkt. Elvira berichtet das so:

»Ich war wegen meines Scheiterns im Studium maßlos traurig. Meine Therapeutin hat mich zweimal die Woche getröstet und mir Mut gemacht. Dann wollte sie mit der richtigen Behandlung beginnen. Sie versuchte, mich von Dingen wie meinen chaotischen Gefühlen zu befreien. Als sie begonnen hatte, im ADS herumzupfuschen, habe ich abgebrochen.«

Diese Therapie war als eine von wenigen Gesprächstherapien zumindest im Ansatz erfolgreich. Da hatte eine Psychologin ihre Klientin ernst genommen, deren Lebensplan zusammengebrochen war. Sie hatte ihr Mut gemacht und die heftigen Gefühlsschwingungen durch Mittragen gelindert. Zu Elviras Versagen im Studium war es durch eine ganze Reihe von ADS-Kerneigenschaften gekommen:

Affektlabilität: Elvira war wegen ihrer ständig und rasch wechselnden Gefühle nicht mehr zu Atem gekommen und hatte vor Erschöpfung ihre Handlungsfähigkeit verloren.

Desorganisiertes Verhalten: Elvira hatte einige Scheine, Klausuren und dergleichen »verschusselt«. Außerdem war sie nicht in der Lage, sich einen stimmigen Studienplan zu machen. Sie kam oft zu spät oder erschien häufig gar nicht. Gelegentlich hatte sie sich schlicht im Labyrinth der Gänge in den universitären Bauten verlaufen.

Emotionale Übererregbarkeit: Elvira litt an einer besonderen Variante. Jedwede Stimmung ihres Gegenübers übernahm sie automatisch, ob gut oder schlecht. Das hat sie derart mitgenommen, dass sie zum Selbstschutz Kontakte mied. In der Einsamkeit hat sie vieles nicht mitbekommen, was an der Uni lief. Das wichtigste Korrektiv zur »Schusseligkeit« ging verloren, nämlich Mitstudenten, die sie hätten erinnern können: Morgen ist Anmeldeschluss da und dafür …

Impulsivität: Eine Fülle impulsiv getroffener Fehlentscheidungen hatten dazu geführt, dass sie sich nicht mehr traute, irgendwas zu entscheiden. Für ein Studium ist das fatal.

Mangelnde Affektkontrolle: Die heftig hin und her schwankenden Gefühle fanden sofortigen Ausdruck. Eine kurze Verärgerung führte sofort zu einem schnippisch oder offen aggressiven Angehen eines Gesprächspartners. Ihr Weg in die Isolation war geebnet. Der Humor von Assistenten, Professoren und Kursteilnehmern zeigte sich als recht begrenzt. Die Aufmerksamkeitsstörung mit verträumten Phasen war im Vergleich weniger störend und kompensierbar.

Die Idee der Therapeutin, dass es nach einer Aufbauphase an diese Dinge gehen müsse, war nicht falsch. Nur das Ziel, sie zu beseitigen oder zu mildern, war mit Gesprächen unerreichbar. Wenn eine Therapie Sinn haben soll, muss man sie als Stärken begreifen und mit ihnen konstruktiv arbeiten.

Was hat denn geholfen, wenn man an das biologisch festgelegte Programm nicht herankann? Wenn man doch eigentlich nichts machen kann? Denn mittlerweile hat Elvira das Studium sehr erfolgreich beendet. Woran lag es?

Die Therapeutin hat zunächst Mut gemacht und die Kraft zur Neuorientierung gegeben. Ein maßgeschneidertes Verschreiben von Medikamenten war die zweite wichtige Maßnahme. Die Schreibwerkstatt und weitere ständige unterstützende Maßnahmen zum Ausbügeln der Schwächen sind der dritte Schlüssel zum Erfolg gewesen. Ihre Fähigkeit mit Menschen umzugehen und mitzuschwingen, setzt Elvira ausgesprochen segensreich in der Selbsthilfegruppe ein. Die guten sprachlichen Fähigkeiten kommen ihr in ihrem Job als Fremdenführerin zugute.

Was geholfen hat, funktionierte über Medikamente und das Nutzen der ADS-typischen Kernsymptome. Voraussetzung war und ist ein Auffangen der Schwächen durch eine Reihe von Partnern. Diese suchte sie sich aus ihrem Umfeld, vorzugsweise aus der Selbsthilfegruppe. Neudeutsch wird das »Coaching« genannt. Weitere Hilfen waren Kalenderführung, regelmäßiger Sport, Sonne und Vermeiden von Situationen, in denen ihr die Kontrolle gänzlich entglitt.

Was ich Ihnen am Beispiel von Elvira als klassisch beschrieben habe, ist für Kinder und Jugendliche mit ADS belegt. Wenn überhaupt, funktioniert nur eine Therapie mit Medikamenten (vgl. MTA-Studie, H. Abikoff). Die nicht-medikamentöse Psychotherapie muss sich etwas anderes einfallen lassen als die herkömmlichen Rezepte. Wenn die Psychotherapie davon Abstand nimmt, Menschen mit ADS als krank zu betrachten, könnte das helfen. Wenn das Ziel wird, eine ihnen gemäße Umgebung zu schaffen, wird das Früchte tragen. Vornehm ausgedrückt: Ein Paradigmenwechsel tut Not.

These 7: Therapie – und dann?

Das ist eine verbreitete Erfahrung in der Behandlung von Kindern und Jugendlichen mit ADS. Eine Therapie mit Stimulantien bringt sie dazu, die Prozesse des sozialen Lernens zwar mühsam, aber dennoch zu absolvieren. Alle Eingriffe darüber hinaus haben kaum einen Effekt. Wenn die Therapie viel Kraft und Zeit kostet, ist der Schaden durch Erschöpfung und fehlende Energie auf anderen Feldern größer als der Nutzen. Die Decke bleibt zu kurz, wohin man sie auch zieht. Das ist so, obwohl in der Stunde beim z. B. Mototherapeuten oder in der Verhaltenstherapie Forschritte sichtbar werden. Ja, der Behandler kann sogar begeistert sein und von fruchtbarer Arbeit sprechen. Nur zu Hause, allemal einige Wochen später, ist der Erfolg wie weggeblasen.

Das hat Gründe. Der einfachste ist, dass die Kinder mit ADS an vielen Fronten zugleich kämpfen, ganz so wie die Studentin Kirsten. ADS kann einen im derzeitigen Schulsystem bis zum Verrücktwerden behindern. Langweiliger Unterricht, verständnislose Lehrer und zwischen Klasse 3 und 9 in aller Regel mobbende Klassenkameraden zermürben fast jeden. Dazu sind diese Kinder mit einem Naturell geschlagen, mit dem man das alles persönlich nimmt. Das Elternhaus ist nicht in der Lage das aufzufangen. Woher soll ein Kind die Kraft nehmen, in der Therapie Gelerntes langfristig umzusetzen? Schlimmer noch: Wenn es ihm nicht gelingt, wird ihm die Schuld gegeben: »*Der Therapeut hat doch gesagt, es ist deutlich besser geworden. Dann bitte halte dich daran. Tu was du gelernt hast!*« Die Schuldgefühle werden zu einer weiteren Baustelle.

Der zweite Grund ist, dass in einer solchen Behandlung meistens versucht wird einen Defekt zu heilen oder zu mildern. Im Kernbereich ADS herumzubasteln ist leider unmöglich. Was geschehen kann, ist, dass der Patient mit äußerster Willensanstrengung und dem Therapeuten zuliebe einiges »bessert«. Das funktioniert, solange er diesen mindestens einmal die Woche sieht, häufig nur in der Sitzung selbst. Immerhin macht die Begeisterung des Therapeuten den Eltern Mut. Mut, na wunderbar! Aber es wird dann versäumt, an der richtigen Stelle etwas zu tun. Diese üble Falle gibt es auch bei der Behandlung von ADS bei Erwachsenen. Von diesem Selbstbetrug lebt im Kinderbereich eine ganze Branche.

Für den dritten Grund müssen wir uns noch einmal erinnern: Wenn ein Mensch mit ADS etwas Gutes vollbringt, wird er es in aller Regel nicht wahrnehmen oder als selbstverständlich abtun. Wenn etwas schief läuft, bemerkt er das sehr wohl. Das löst sofort intensive Gefühle aus. Fehler bei sich und mehr noch bei anderen nimmt er mit hoher Sicherheit und Intensität war. Das ist immerhin eine wichtige Gabe, wenn man sie zu nutzen weiß. Bei dieser Fehleranalyse in Bezug auf Therapie nutze ich genau dieses Talent von mir! Wer es mir nicht übel nimmt, kann es nutzen Fehlern und Pleiten vorzubeugen.

Zum Lernen von neuen Verhaltensweisen ist diese Eigenschaft ungeeignet. Wenn der Patient aus der Verhaltenstherapie Mitgebrachtes richtig anwendet, merkt er das nicht. Wenn er einen Fehler macht, nimmt er das sofort wahr. Wie soll er nun im richtigen Verhalten bestärkt werden? Das geht nicht! Das geht auch deshalb nicht, weil Leute mit ADS mehr noch als andere »mit dem Herzen« lernen. Wenn es funktioniert, dann nur über andere Menschen, die täglich an der richtigen Stelle loben. Das ist interessanterweise völlig unabhängig vom Intellekt des zu Bestärkenden. Wenn eine Therapie überhaupt einen Erfolg haben soll, muss das defekte »Belohnungssystem« durch tägliches Coaching überlistet werden.

These 8: Die Diagnose ist oft »ungeeignet«

In der »Körpermedizin« ist das häufig: Ein Patient bekommt eine Diagnose, die richtig genug ist, um die Beschwerden zu erklären und falsch genug für eine erfolgreiche Behandlung. Dafür gibt ihm dann der Arzt die Schuld. Die Medizin habe doch alles richtig gemacht. Es müsse dann am Patienten liegen.

Das Schlimmste, was ich diesbezüglich erlebt habe, war Folgendes: Ein alter türkischer Mann wird vom Hausarzt mit der »Krankheit« Lumbago (harmlose Rückenschmerzen) in die Klinik geschickt, nicht ohne dass er sich bei den Kollegen entschuldigt. Er könne das tägliche »Geleide« des an sich gesunden Patienten nicht mehr ertragen. Entsprechend wurde der graubärtige würdige Herr auch in der Klinik links liegen gelassen. Wenn er sich an die Anordnungen halte, werde es ihm besser gehen. Er solle aufstehen und zur Krankengymnastik gehen, statt jammernd im Bett zu bleiben.

Nach einer Woche Krankenhausaufenthalt fällt dann bei der Computertomographie der Bandscheiben (anstandshalber vor der Entlassung!) zum Glück auf, dass es sich um eine Entzündung handelt. In der sofort veranlassten Kernspintomographie (die »Röhre«) finden wir den Einbruch des Eiters in den Rückenmarkskanal. Es muss nun schnell gehen, der Patient baute sichtlich ab. Es ist mittlerweile nicht einmal mehr möglich, für eine angemessene Schmerzlinderung zu sorgen. Bevor die lebensrettende OP anhand unserer Bilder erfolgen kann, ist der Patient tot. Wir sind zwar nur um wenige Stunden, aber doch zu spät.

Immer wieder, wenn ich schlecht schlafe, bekomme ich seither Besuch von diesem türkischen Patriarchen.

Halbrichtige Diagnosen sind schlimm, verleiten sie doch dazu, den Patienten zunächst nicht ernst zu nehmen, um ihn dann zu beschuldigen. Ich habe mich in der Vergangenheit gelegentlich selbst dabei ertappt. Im oben geschilderten Beispiel haben die Ärzte daraus gelernt. Sie liefen eine Woche lang mit langen Gesichtern herum. Wie aber kommt ein Psychiater oder Psychotherapeut zu seinem berechtigt schlechten Gewissen? Er hat in aller Regel keine Chance seine Fehler zu bemerken. Seelenheilkunde kann nicht nur heilen, sondern auch schwere Schäden verursachen.

Es hat mich erstaunt, genau das, genau so, in einem anerkannten Lehrbuch der Psychotraumatologie wiederzufinden. Diese Kunst beschäftigt sich mit den Schäden, die Gewalt und Misshandlung in der Seele hinterlassen. Im »Lehrbuch der Psychotraumatologie« von Gottfried Fischer und Peter Riedesser klingt das wie folgt:

»Ein zentrales Hindernis für die Psychotraumatologie ist die Tendenz, Opfern die Schuld an dem zuzuschreiben, was ihnen angetan wurde (blaming-the-victim-solution).« Es folgen dann über mehrere Seiten Betrachtungen, warum das der Seelenruhe des Helfers gut täte. Leider führe es zu einer weiteren Beschädigung des Patienten. Diese hätten ohnehin schon Schweres mitgemacht. Ohne Respekt und Parteinahme für das Opfer sei eine Behandlung aussichtslos.

Zurück zum ADS. Allen in den Thesen aufgeführten Beispielen gemeinsam ist, dass die Diagnosen ausreichten, um den schlechten Zustand der Leidenden oberflächlich zu erklären. In allen Fällen waren sie für eine erfolgreiche Behandlung aber nicht richtig genug.

Zu den Fallbeispielen

Kirsten aus These 1 hatte keine wirkliche Depression. Ihre ADS-typische Entscheidungsschwäche hatte sie in eine Lebenskrise geführt. Diese war umso schlimmer, als sie ohnehin Stimmungsschwankungen hatte, die selbst für Menschen mit ADS heftig sind. Aufklärung über die Natur der Stimmungen und eine Hilfestellung bei den anstehenden Entscheidungen hätten auch ohne weitere Eingriffe den Knoten platzen lassen. Ein Coaching für das Studium hätte dauerhaft weitergeholfen. Früher gab es dafür Mentoren, Tutoren und kleine Seminare. Heutzutage hat diese hochbegabte junge Frau kaum eine Chance.

Fritz aus These 2 hatte keine Depression. Seine PTBS (posttraumatische Belastungsstörung) hatte ihn arbeitsunfähig gemacht. Jeglicher Chef hatte ihn an seine früheren Quäler erinnert. Dass er darüber nicht froh war, steht außer Frage, die Depression schon. Seinen Jähzorn zu beherrschen kostete ihn weitere Kraft. Die falsche Diagnose war eine Demütigung für Fritz. Wieder einmal hatte man ihn nicht erst genommen. Gefährlich für den Therapeuten war die Diagnose auch!

Ich selbst aus These 3 hatte keine Depression. Es handelte sich um einen fortgeschrittenen körperlichen und seelischen Erschöpfungszustand (»Burn out«). Trauer gehört dazu, erklärt den Zustand aber nicht. Nur die Trauer statt die Ursachen mit Medikamenten zu behandeln ist gefährlich. Wenn die Leistungsfähigkeit hergestellt wird, ohne die Bremse anzuziehen, droht weitere Erschöpfung bis hin zum Herzinfarkt oder Schlaganfall und was es der Managerkrankheiten mehr gibt.

Christoph im Beispiel der These 4 hatte keine Persönlichkeitsstörung. Wegen seines defekten Belohnungssystems war er darauf angewiesen, ständig eine Bewertung aus der Umgebung zu bekommen. Menschen waren ihm aber wegen seines Mitschwingens so anstrengend geworden, dass er nach und nach die Kontakte abgebrochen hatte. Vertraute Personen braucht er jedoch wie die Luft zum Atmen. Eine verzweifelte Situation, in der er sich völlig erschöpfte. Für den Therapeuten war die Schuldzuweisung mittels der Diagnose »Narzissmus« eine einfache Lösung. Darin hat sich dann Christoph so hineingesteigert, dass der Therapeut keinen Anlass sah, daran zu zweifeln. Die Aufgabe, ihm den nötigen »Spiegel« vorzuhalten, wurde nicht gelöst. Die nach Erfahrungen unserer Gruppe wirksamste Hilfe ist unterblieben.

Elvira aus These 6 war nicht depressiv. Sie war in einer berechtigten Trauer nach dem Scheitern aller Lebenspläne. Die Trauer geht einer Neuorientierung voraus, ist also nötig. Nach dem Aufrichten der Therapeutin durch schlichtes Trösten und Mutmachen hat ihr vor allem geholfen, dass sie ihr Leben ADS-gemäß in die Hand genommen hat. Die Selbsthilfegruppe hat vor allem durch Wissensvermittlung eine Schlüsselstellung gehabt.

Zusammenfassend muss ich feststellen, dass die Konstruktion »*depressive Komorbidität*« wenig hilfreich ist. Sie verstellt den Blick auf die Ursachen und die Funktion der Trauer von Menschen mit ADS.

17. Das therapeutische »Kochbuch«

Im siebzehnten Kapitel wird die aktuelle Psychotherapie 12-mal heftig gegen den Strich gebürstet.

Nach der Fehlersuche in den Thesen eins bis acht möchte ich nun versuchen, aus unterschiedlichen Wissensbereichen wie Verhaltensbiologie, Pädagogik und Psychologie Elemente einer wirksamen Hilfe für »depressive« Menschen mit ADS zu finden. Im Folgenden betrachte ich Möglichkeiten und nötige Voraussetzungen, die erfüllt sein müssen, damit eine Therapie erfolgreich sein kann.

1. Bei »depressiven« Patienten nach ADS suchen

Wenn es wirklich stimmt, dass bei mindestens einem Fünftel der Menschen mit einer Depression ein ADS dahinter steckt, ist der Aufwand gerechtfertigt, gezielt im ersten oder zweiten Gespräch danach zu suchen. Dieses Suchen muss nicht kompliziert sein! Da Fragebögen zur statistischen Betrachtung einer Gruppe von Menschen entwickelt wurden, sind sie zur Diagnose des Einzelnen ohnehin nur eine unzuverlässige Hilfe. Viel sicherer und in der Hand des Erfahrenen schneller ist die einfache Befragung.

Was sollte binnen einer halben Stunde abgeklopft werden? Unaufmerksamkeit und/oder Verträumtheit sind bei Kindern die wichtigsten Kriterien. Bei Erwachsenen kommen als bedeutendere Aspekte die Fragen nach Impulsivität und überschießenden Emotionen sowie Erschöpfung hinzu, wie in den aktuellen Leitlinien der Deutschen Gesellschaft für Psychiatrie, Psychotherapie und Nervenheilkunde festgestellt wurde.

Ein kleiner Fragenkatalog

Die folgenden Fragen können locker in ein Gespräch eingebunden werden. Der Katalog ist sicherlich ergänzungsbedürftig. Ihnen, liebe Leserin, lieber Leser, mag er dennoch eine Anregung sein.

- War die Kindheit unglücklich?
- Wird aus der Kindheit wenig erinnert?
- Wie sahen die Schulzeugnisse aus, sitzen geblieben?
- Gab es Probleme von früher Jugend an?
- Gibt es Eltern oder Geschwister mit dem gleichen Naturell?
- Wird eine beruhigende Wirkung von Koffein, Amphetamin, Kokain oder Nikotin festgestelllt?

- Hilft Kiffen gegen Stimmungsschwankungen?
- Wird Alkohol getrunken zum »Runterkommen«?
- Werden gefährliche Sportarten betrieben?
- Gibt es eine Neigung zum Glücksspiel?
- Gibt es heftige Stimmungsschwankungen?
- Hat er/sie Probleme mit der »Liebeskrankheit« gehabt?
- Wie (gefragt wird nach ADS-typischen Kommunikationsmustern) funktioniert die Ehe?
- Gibt es Mobbing im Beruf?
- Liegen Schlafstörungen vor?
- Kommt es zu Erschöpfungszuständen?
- Ist innere Unrast vorhanden?
- Liegen körperliche Stresserkrankungen vor?
- Kommt es zu nächtlichem Schwitzen?
- Gibt es Entspannung nur in der Anspannung?
- Muss er/sie sich weh tun, um sich zu spüren?
- Muss er/sie essen, um sich zu spüren?
- Liegen Teilleistungsstörungen vor?
- Liegt eine segmentale Hochbegabung vor?
- Wurden Hobbys fanatisch betrieben und dennoch gewechselt?
- Gibt es eine Neigung zum Jähzorn?
- Hat der Patient Abgrenzungsprobleme zu anderen Menschen?
- Gibt es das Phänomen »Immer denken müssen«?
- Gibt es Geldprobleme?
- Kommt es zu impulsiven Kauf- oder Verkaufentscheidungen?
- Gibt es das »Sich-sofort- oder -gar-nicht-entscheiden-Können«?
- Gibt es Orientierungsprobleme in Zeit und/oder Raum?
- Wird kein Kalender geführt?
- Trägt er/sie keine Armbanduhr?
- Ist er/sie »schusselig«?
- Muss alles immer auf demselben Platz liegen – oder ist es weg für immer?
- Gibt es Verwandte mit der Diagnose ADS?
- Gibt es Verwandte mit der Diagnose Borderline?
- Gibt es Verwandte mit der Diagnose Depression?

- Gibt es suchterkrankte Verwandte?

Beobachtung der Motorik

Der oder die Befragte muss dabei im lockeren Gespräch beobachtet werden. Es kann hier sehr wichtig sein, auf folgende Dinge besonders zu achten:

- Steuerung von Bewegung und Mimik nach dem »Alles-oder-nichts-Prinzip«: Kippeln, Zappeln und Fingern oder auffallende Ruhe? Körperliches Ungeschick, »tapsig«?
- Starre, stumpf wirkende Mimik eventuell unterbrochen durch ein strahlendes Lächeln oder Ausdruck hoffnungsloser Trauer? (Hoffentlich kein Zorn, dann ist diesem Menschen fluchtartig aus dem Weg zu gehen!) Gering ausgebildete mimische Muskulatur und Falten (Marilyn-Monroe-Gesicht).

Steuerung der Aufmerksamkeit nach dem »Alles-oder-nichts-Prinzip«?

Der Befragte kann hochaufmerksam und hochgespannt sein oder fahrig-unaufmerksam. Das kann (muss aber nicht) binnen kurzem wechseln. In den konzentrierten Phasen ist es oft so, dass er schneller denken und Schlüsse ziehen kann als der Frager. Das Gespräch wird dann ungleichgewichtig, da sich der Fragende wie ein »Depp« vorkommt. Das ist eine Sache, die den unbeschwerten Umgang mit vielen ADSlern ebenso wie mit Hochbegabten so schwierig macht. Der Fragende kann sein Unterlegenheitsgefühl (hoffentlich schmunzelnd!) zur Diagnose nutzen.

Im Fall der Unaufmerksamkeit kann der Patient zuweilen kaum erreicht werden. Man sollte ihn dann erst einmal etwas anderes machen lassen, und sei es spazieren gehen lassen, gehen bevor es weitergeht.

Ist die Aussprache nuschelig und verwaschen? Spricht der Befragte sehr schnell? Zu laut oder leise? Sprechen verlangt jede Menge Konzentration und ist gut geeignet eine Aufmerksamkeitsstörung zu zeigen.

Steuerung der Impulsivität nach dem »Alles-oder-nichts-Prinzip«?

Das kann man mit Übung aus der Gedankenführung heraushören. Es geht von »Hölsken auf Stöcksken«, wie die Westfalen sagen, weil jedem neuen Gedankenimpuls Raum gegeben wird. Manchmal läuft stattdessen derselbe Gedanke »rund«, so dass der Patient nicht erreichbar ist. Das ist das andere Extrem. Letzteres ist nur mit Erfahrung oder der simplen Frage: »Denken sie soeben an etwas anderes?« vom Phänomen der Unaufmerksamkeit zu unterscheiden.

Suche nach dem Kick?

Verwickelt der Befragte den Interviewer in eine spannende Diskussion? Legt er sich mit ihm an? Möglicherweise ist ihm so sterbenslangweilig, dass er nur Anregung benötigt. In der Tat kenne ich kaum eine ödere Umgebung als so genannte Sprechzimmer. Gute Musik kann einigen gegen die Langweile helfen, anderen ein Stift zum Kritzeln, noch anderen ein gemeinsamer Spaziergang. Ein Diktiergerät erlaubt dem Fragenden Notizen auch im Gehen.

Wenn der Fragende nicht allzu spritzig ist, wird es oft geschehen, dass ihm das ein ADSler persönlich übel nimmt. Er wird ja ständig und unangenehm unterstimuliert. Dessen Gabe zu offenen Antworten kann dann diagnostisch genutzt werden. Voraussetzung ist das persönliche Format des Diagnostikers fragen zu können: »Bin ich Ihnen zu langweilig?« Alle, wirklich alle ADSler, die ich kenne, wissen solche menschliche Größe zu würdigen. Da liegt eine ihrer Stärken.

Sicherlich habe ich noch einige Fragen vergessen. Diese ergeben sich spontan aus dem Gespräch. Einige der obigen grase ich bei gleichzeitiger Beobachtung häufig ab, um zu sehen, ob jemand in unserer Selbsthilfegruppe richtig ist.

Zwei wichtige Regeln!

1) Die Fragen müssen mündlich und frei gestellt werden, da Menschen mit ADS Probleme haben, Sinn erfassend zu lesen. In der Krise einer »Depression« ist das allemal so. Ein Fragebogen ist untauglich! Er misst statt der abgefragten Dinge Lesefähigkeit, Aufmerksamkeit oder Geduld und erlaubt zudem keinerlei Kontrolle über eine mangelnde Selbstbeurteilungsfähigkeit des Hilfesuchenden. Die Ergebnisse sind im Einzelfall irreführend. Für große Kollektive mögen sich die gravierenden Fehler herausmitteln. Das nutzt der Diagnose des einzelnen Patienten keineswegs.

Fragen zwar mündlich, aber strikt nach der Reihenfolge des Bogens gestellt zu bekommen, ist dem Naturell eines Menschen mit ADS zuwider. Es wird nur seine Fähigkeit abgeprüft, die Wut oder die Langeweile zeitweilig in Schach zu halten. Das Kunststück soll mir auch einer vormachen, gleichzeitig den Fragenkatalog auf dem Tisch und den Patienten vor dem Tisch im Blick zu behalten.

2) Wenn sich die Verdachtsdiagnose ADS ergibt, müssen dringend eine oder mehrere Bezugspersonen des Patienten hinzugezogen werden. Wenn ein ADS vorliegt, so ist sein häufigstes (und für die Therapie oft entscheidendes) Zeichen die Unsicherheit in der Selbstbeurteilung. Mit dem Hilfesuchenden alleine kommt man schon diagnostisch nicht weiter. Wir kommen in den weiteren Thesen immer wieder darauf zurück.

In geübter Hand kann die Frage: ADS ja oder nein? binnen einer halben Stunde mit einer ausreichenden Sicherheit beantwortet werden. Diese halbe Stunde sollte für alle depressiven Patienten »geopfert« werden. Die Differenzialdiagnose ADS ist therapeutisch wichtig und häufig.

2. Suchen, was hinter der »Depression« liegt

Die Ähnlichkeiten zwischen einer Depression und ADS haben wir ausführlich besprochen. Wir haben anklingen lassen, dass aus dem Wohlbefinden heraus eine plötzliche und heftige Traurigkeit auftreten kann, die »Sekundentraurigkeit«. Ständig laufen die Menschen mit ADS leicht missgestimmt herum, schon zum Schutz vor der Sekundentraurigkeit. Die vorherrschende Wetterlage ist der Novemberhimmel, es sei denn, sie sind soeben begeistert oder in ihrer Unrast schnell (buchstäblich mit Auto, Motorrad oder auf Ski) unterwegs.

Damit, liebe Leserin, lieber Leser, kommen wir auf den Punkt. Aus biologischen Gründen haben ADSler eine ganze Reihe von Mechanismen, die ihnen ein Abgleiten in die Starre einer Depression unmöglich macht. Die Neugier und die Suche nach dem Kick sind stärker als das defekte Belohnungssystem. Die Unrast besiegt die Lähmung. Die Wut treibt trotz eines vernichteten Selbstwertgefühls voran. Mag es in fachpsychologischen Ohren auch seltsam klingen: Depressionen bei ADS mögen häufig und quälend sein, sind jedoch wegen der eingebauten Mechanismen zur Selbstheilung in der Behandlung vernachlässigbar.

Was folgt aus dieser Einsicht? Es muss nach den Gründen gesucht werden, die einem Menschen mit ADS das Wieder-Aufstehen unmöglich machen. Was behindert die Selbstheilung wirklich? Aus meiner Erfahrung sind das in absteigender Reihenfolge am häufigsten:

- Erschöpfungszustände
- posttraumatische Belastungsstörungen, oft in milder Form
- ein ungeeignetes Umfeld in der Familie und auf der Arbeit
- körperliche Stresserkrankungen
- schlechte Medikation, sei sie selbst- (Alkohol) oder fremdverordnet (Beruhigungs- und Schlafmittel)

Eine Persönlichkeitsstörung zu vermuten, hilft nicht weiter

An dieser Stelle muss ich wieder einmal den warnenden Zeigefinger erheben: Das Konzept der Persönlichkeitsstörungen verstellt den Blick auf die wirklichen Probleme. Es ist in der Behandlung der Folgeprobleme eines ADS verzichtbar. Viele Mitglieder unserer Selbsthilfegruppe haben entweder das Mäntelchen »Borderline« oder »narzisstische Persönlichkeitsstörung« umgehängt bekommen, ohne dass daraus irgendetwas Hilfreiches gefolgt wäre. Ich halte das für eine besonders tückische Falle. Es ist eine Form der Patienten- oder Opferbeschuldigung, der auch ein gut meinender Therapeut, wenn er in solchen Begriffen denkt, kaum entkommen kann.

»Narzisstisch« ist bei ADS in aller Regel eine klassische Fehldiagnose dieser Art. Das Hinterhältige dabei ist, dass sie es dem Gespann Therapeut-Patient unmöglich macht, eine korrekte Analyse der Behandlung zu betreiben. Erfolge und Fehler sowie ihre Ursachen bleiben verborgen. Der Patient wird, je mehr er sich zu Recht wehrt, als desto narzisstischer angesehen. Übernimmt er aber die Hypothese, so ist der Schaden umso größer, da geeignete langfristige Ansätze nicht verfolgt werden können.

»Borderline« ist dem ADS so eng verwandt, dass man dem Patienten mit dieser Störung nicht schadet, wenn man ihn vorerst anschaut, wie einen ADSler (vgl. dazu M. Winkler und P. Rossi). Das gilt nicht unbedingt für die Medikation. Impulsivität, Emotionalität und Aggression sind absolut identisch. Die Rezepte der Behandlung werden gerne gegenseitig übernommen (vgl. B. Hesslinger et al.). Hesslinger selbst nimmt nach mündlicher Mitteilung an, dass etwa die Hälfte der Borderliner tatsächlich ADS habe.

Eine ganze Reihe von weiteren Persönlichkeitsstörungen beinhalten in ihren Definitionen Eigenschaften, die von Menschen mit ADS erfüllt werden: Neben »Borderline« und »Narzissmus« sind das die »Histrionische Störung«, »Selbstunsichere Störung« und die »Paranoide Störung«. Selbst die zwanghafte Persönlichkeitsstörung kommt gelegentlich als Fehldiagnose ins Spiel. Einem Mitglied unserer Gruppe, mit dem Hang sich selbst die Augenbrauen und Wimpern auszureißen, ist das geschehen. Das Ergebnis dieser Fehldiagnosen ist in allen Fällen identisch:

Es wird versäumt eine auf das ADS bezogene wirksame Langzeithilfe zu beginnen. Das »Herumerziehen« (meine freche Beurteilung der »kognitiven Verhaltenstherapie«!) an den Unarten der »Gestörten« hilft, wenn ADS vorliegt, niemandem.

Eine knappe und gut gemachte Zusammenfassung zu Persönlichkeitsstörungen finden Sie bei R. Sachse. Die Lektüre dieses Buches unter dem »Blickwinkel ADS« hat ihren Reiz!

Sinnvoller ist es nach Teilleistungsstörungen zu suchen. Eine der häufigsten ist die Lese-Rechtschreib-Schwäche. Es gibt aber viele mehr. Sie kosten im Beruf unendlich viel Kraft. Sie zu finden, um sie zu umgehen, lautet die Devise, oft mit ständiger Unterstützung durch Menschen oder Technik.

Also: Finde heraus, warum der Mensch berechtigten Kummer hat. Erkenne, was ihn hindert, aus der Trauer herauszufinden. Lerne von ihm, was ihm hilft. Tu all das und es wird sich im Vorbeigehen zeigen, ob er »diese Sache mit dem Zappelphillip« hat. Vornehm kann man auch sagen, dass die Diagnostik zum Falsifizieren des Verdachts der Depression oft ein ADS verifizieren wird.

Noch etwas wird sich einstellen: Ganz anders als in den oben berichteten Beispielgeschichten wird sich der Patient ernst genommen fühlen. So entsteht die Basis für eine erfolgreiche Hilfe. Fast alle Beziehungsprobleme zwischen Therapeut und Klient, die eine Hilfe behindern, haben sie auf diese Weise vermieden.

Die Anamnese (Befragung, Interview) ist die schärfste Waffe der Medizin.

3. Versuche, die Stärken zu finden

Damit sind wir mitten im weiter führenden Verständnis des ADS und gleichzeitig im Zentrum der Hilfsangebote angelangt, die Erfolge versprechen. In aller Regel haben ADSler zur Kompensation ihrer Einschränkungen große Stärken entwickelt. Diese sind häufig bedeutender als die Schwächen.

Die Schwächen haben sie gemeinsam: eine gestörte Steuerung der Impulsivität, der Emotionen, des körperlichen Aktivitätsniveaus, der Körperrhythmik inklusive des fehlenden Zeitverständnisses, der Gedächtnisfunktionen und der Handlungsorganisation. Diese Schwächen lassen sich daher mit skalierenden Verfahren, wie dem Fragebogen von Wenders, der UTAH-Ratingscale messen (siehe Literaturverzeichnis).

Für die im Kampf gegen die Behinderung entwickelten Möglichkeiten stehen an skalierenden Verfahren Intelligenztests mit unterschiedlichen Schwerpunkten, teils als neuropsychologische Messverfahren, zur Verfügung. Üblicherweise werden auch diese mehr zur Bestimmung der Schwächen genutzt. Dennoch gehört sie an diese Stelle der Diagnostik. Bei der Auswertung ist Vorsicht geboten, haben diese »Laborwerte« doch mit den Gegebenheiten des alltäglichen Dschungels der Großstadt wenig zu tun.

Nun wird es spannender! Mit welchen Methoden entflieht der Hilfesuchende der Langeweile? Wie reguliert er das erhöhte Erregungsniveau herunter? Was macht er, um die soziale Behinderung zu umschiffen? Mit welchen Tricks entgeht er der »Schusseligkeit«? Alle Menschen mit ADS, die ich kenne, haben eigene Fertigkeiten entwickelt. Fertigkeiten, die geschickt eingesetzt, die Behinderungen bei weitem überwiegen können. All dieses sprengt die Messverfahren. Man muss sich schon zu einer Entdeckungsreise aufmachen.

Beispiele für darüber hinaus gehende Kompensationsmöglichkeiten sind:

- sportliche Betätigung auf Hochleistungsniveau
- segmentale Hochbegabung auf mathematischem Gebiet, auf sprachlichem Gebiet, im planerischen Bereich (die Umsetzung muss eventuell ein anderer übernehmen), musische Talente
- Einfühlsamkeit und Charisma wie für »Heiler« nötig
- intuitiver Umgang mit Tieren und Menschen
- verknüpfendes Denken
- Kreativität, auch im künstlerischen Bereich
- Stehvermögen, »immer wieder aufstehen«
- Multitasking (drei Dinge zugleich tun oder denken können)
- problemlösendes Denken
- Pragmatismus und – und – und.

Die Schwächen kann man messen. Die Stärken sind häufig so isoliert und von fast bizarrer Größe, das sie jede Möglichkeit zum Messen sprengen. Notgedrungen muss ich den Begriff des Genies bemühen. Genie kann man nicht messen. Der Helfer muss sich schon auf den Weg begeben und immer wieder auf ein Neues suchen. Wenn man sich darauf einlässt, ist das hochgradig spannend. Ganz nebenbei entsteht eine Zusammenarbeit, die Pannen, wie in den acht Thesen beschrieben, unwahrscheinlich macht.

Den zur Kompensation entwickelten Stärken verdanken wir Menschen wie Bill Gates, Edison, Einstein, Leonardo da Vinci, Winston Churchill und viele andere mehr. In der modernen psychologischen Praxis würden sie alle als defekt angesehen. Absurd! Der Grundgedanke muss sein: Hier ist ein Mensch dessen angeboren zerrissene Persönlichkeit nicht heilbar ist. Auch sein unbequemer Individualismus ist nicht »auszurotten«. Wohl aber kann er seine in aller Regel außergewöhnlichen Gaben zu unser aller und seinem Nutzen leuchten lassen. Wie helfe ich dabei?

Das ist das nächste Problem: Wenn jemand wegen einer »Depression« Hilfe sucht, findet er seine eigenen Stärken nicht mehr. Oft streitet er gar ab, je welche gehabt zu haben. Wenn er welche hat, die ungewöhnlich stark sind, macht er sich gar unglaubwürdig, wenn er über sie spricht. Er wird das unterlassen. Zu Recht! Der Stempel

»Narzisst«, auf deutsch »armer Angeber« kann sonst ein professioneller Reflex darauf sein.

Es folgt ein weiteres Problem: Menschen mit ADS besitzen – wie wir sahen – in aller Regel keine zutreffende oder hilfreiche Sicht ihrer selbst. Es fehlt ihnen sogar in guten Tagen ein echtes Selbstbewusstsein, in der Krise allemal. Es ist unerlässlich, in die Diagnose der Stärken und bisher wirksamen Kompensationsmechanismen Bezugspersonen einzuschalten. Im Kindesalter sind das Eltern, Lehrer, Trainer und Freunde. Im Erwachsenenalter wird die Suche nach diesen Bezugspersonen ein Problem! Es kann sein, dass es notwendig ist, dazu einen längeren Kontakt zu arrangieren. In der Selbsthilfegruppe haben wir damit gute Erfahrungen gemacht. Diese Person muss den Hilfesuchenden im Alltag erleben.

Die Laborsituation einer Praxis oder eines Krankenhauses ersetzt die »Freilandbeobachtung« nicht. Kann jemand, der eingesperrt ist, seine Stärken zeigen? Nicht einmal bei Zootieren geht das! Wie viel weniger funktioniert es bei den komplexen Fertigkeiten eines Menschen. Mit ihrem großen Freiheitsdrang sind ADSler in solchen Situationen ohnehin kreuzunglücklich.

Zudem sind in der Krise Aufmerksamkeitsmangel und das »Sich-Hineinsteigern« häufig nicht zu durchbrechen. Schon in dieser Phase der Hilfe wird es zumeist nötig sein, mit Medikamenten zu arbeiten. Wegen ihrer sehr guten Wirkung auf die Konzentration sollten das vorzugsweise Stimulantien z. B. Methylphenidat sein. Eine entsprechende Gestaltung der gemeinsamen Arbeit durch einen rhythmischen Wechsel von An- und Entspannung wird dennoch nützlich bleiben.

Gute Diagnostik ist die Basis des Coachings

Seltsam. Diese Forderungen zur Diagnostik sind deckungsgleich mit denen für ein gelungenes Coaching. Weniger seltsam ist, dass eine nicht auf die Stärken des Einzelnen bezogene Therapie mit Standardprotokollen schnell im Fiasko endet. Eines unserer Mitglieder hat eine solche standardisierte Verhaltenstherapie nach Linehan (vgl. Linehan, Trainingsmanual) abgebrochen.

Der Schlüssel zur Hilfe liegt im Respekt vor den jeweiligen persönlichen Kräften und Stärken. Behandelt wird in der Therapie nicht das ADS, vielmehr werden Wege gesucht, damit kreativ umzugehen. Die Suche nach den Stärken ist dazu der erste Schritt. Als Bindeglied zwischen Diagnostik und Therapie ist sie bereits deren wichtigster Teil.

4. Zwischen Kernsymptomatik und Folgen unterscheiden

Das haben wir weiter oben erwähnt: Kernsymptome des ADS sind (wenn überhaupt) nur zeitweilig und mit Medikamenten zu beeinflussen. Es ist ein Problem zu unterscheiden, was therapierbar ist und was nicht. Für kurze Zeit und mit großer Willensanstrengung kann sich jemand auch wider die eigene Natur zu etwas zwingen. Zudem sind die Kerneigenschaften durch erlernte Verhaltensweisen und Kompensationsmechanismen überlagert.

Was tun?

- Nicht, auch nicht durch Medikation und kaum durch Training und Übungen zu beheben sind die oft vorhandenen Teilleistungsstörungen, z. B.: Lese-Rechtschreib-Schwäche, Rechenschwäche sowie Orientierungsstörungen in Raum und Zeit. Allenfalls können Stimulantien helfen, sie zu kompensieren. Eine genaue Untersuchung auf (zuweilen auch exotische) Teilleistungsstörungen kann für die Lebensplanung eine große Hilfe sein. Ziel ist es diese Klippen zu umschiffen. Beispielsweise kann man eine Leseschwäche durch Tonmedien umgehen. Die Rechtschreibschwäche verlangt ein Korrekturprogramm im Computer…
- Besser und nur mit Medikation anzugehen ist der geringe »Arbeitsspeicher«, der die Merkfähigkeit so stark beeinflusst.
- Mit Verhaltenstherapie allenfalls indirekt, aber mit Stimulantien sehr gut, ist die Aufmerksamkeit zu beeinflussen. Ein didaktisch guter Unterricht von einer ehrlich zugewandten Person bleibt hier unübertroffen.
- Bei der zu starken Begeisterung, dem Sich-Hineinsteigern ist selbst mit Medikation nur sehr unvollständige Hilfe möglich. Dieses Sich-Hineinsteigern ist unmittelbarer Ausfluss der Impulsstö-

rung. Das macht die Behandlung erschöpfter Menschen mit ADS zu einem gefährlichen Spiel. Stimulantien steigern die Leistungsfähigkeit ohne die Neigung zu beheben, sich zu überlasten.

- Die mangelhafte Selbsteinschätzung, die zur Überspannung der Kräfte führt, ist als Reifungsdefizit mit keinerlei Therapie zu beseitigen. Da ist sie den Teilleistungsstörungen und dem mangelhaften Bewusstsein seiner selbst verwandt.
- Das fehlende Zeitgefühl ist als weiteres kindliches Merkmal und Reifungsdefizit komplett therapieresistent. Es wird zusätzlich durch die schlecht gesteuerte Körperrhythmik gestützt. Diese in unserer mit Stundenplänen überfrachteten Alltagswelt stark behindernde Eigenschaft lässt sich allenfalls mit viel Disziplin zeitweise umgehen. (Wenn die Ressourcen nicht anderweitig gebunden sind.)
- Mit Medikation ist die Regulationsstörung der Emotionen zumindest zu lindern. Unmittelbar daraus resultierende Folgen wie die mangelnde Abgrenzung gegenüber anderen Menschen, die erhöhte Schwingungsfähigkeit und die anschließende Erschöpfung sind sonst kaum beeinflussbar. Jegliche Verhaltenstherapie ebenso wie eine tiefenpsychologisch orientierte Behandlung ist zum Scheitern verurteilt. In diesem Zusammenhang sollte auch der Jähzorn erwähnt werden. Da eine Borderlinestörung weitgehend identisch Symptome aufweist, wird der Jähzorn in der Literatur, insbesondere in der UTAH-Ratingscale kaum behandelt.
- Mit Medikamenten relativ gut anzugehen sind die in Sekundenschnelle einschießenden emotionalen Impulse bei Langeweile. Das sind beispielsweise die »Sekundentraurigkeit«, die plötzliche und oft auf sich selbst gerichtete Aggression, Panikattacken sowie unstillbare körperliche oder geistige Unrast. Wie man am besten eine gefährliche Unterstimulation meidet, kann zusätzlich gelernt werden. Abtrainierbar sind diese Impulse, da originär zur Kernsymptomatik gehörend, nicht.
- Die mangelnde Fähigkeit, die eigenen Emotionen zu unterscheiden, ist nicht nur ein Hindernis für die Therapie, sondern auch selbst absolut resistent. Dagegen helfen auch Medikamente nicht.

Hier verhält es sich ebenso wie bei den übrigen Entwicklungsdefiziten. Allenfalls kann der Patient lernen zu sagen, was der Therapeut gerne hört. Es ist ein Systemfehler der Therapie nach Linehan (vgl. Literaturverzeichnis), diese Frage nach der Emotion einem Menschen mit ADS zu stellen. Was er wirklich fühlt, bleibt ihm verborgen. Warum ist das so? Die eigenen Gefühle zu unterscheiden ist Ergebnis eines Reifungsprozesses, der bei Menschen mit ADS verspätet in Gang kommt. Hier kommen viele Menschen mit ADS zeitlebens nicht über den Stand eines Grundschulkindes hinaus.

- Der offene Reizfilter, der das Durchschwingen von Impulsivität und Emotionalität wie ein Resonanzboden fördert, kann einzig und allein mit Medikamenten, und das nur mit begrenztem Erfolg, »angegangen« werden. Das ist ein Problem, kostet er doch so viel Kraft, dass vor Erschöpfung viele Ressourcen ungenutzt bleiben müssen.

Was auch immer zur Kernsymptomatik gehört, ist allenfalls zeitweilig mit Medikamenten zu behandeln. Verhaltenstherapie oder eine Psychotherapie mit anderen Ansätzen muss sich darauf beschränken, Folgeschäden zu lindern und Kräfte für einen erfolgreichen Umgang mit ADS freizusetzen. Das allerdings ist Erfolg versprechend!

Die Basis einer erfolgreichen Behandlung von Problemen rund um ADS ist eine Trennung der biologisch vorgegebenen Eigenschaften von den sekundären Schäden. Um sich die Unterschiede einzuprägen, kann man mit dem folgenden – bis an die Schmerzgrenze vereinfachenden aber praxistauglichen – Schema arbeiten:

Das Vier-Säulen-Modell des ADS

1. Kerneigenschaften der **gestörten** Impuls-, Aktivitäts-, Aufmerksamkeits- und Gefühls**steuerung** lassen sich gut mit harter körperlicher Arbeit und/oder Medikamenten behandeln.
2. **Reifungsdefizite** sind weder behandelbar noch durch Übungen und Training abzubauen. Insbesondere sind es das mangelnde Bewusstsein für die eigenen Emotionen, das unzureichende Selbstbild, die Handlungssteuerung und das Zeitverständnis auf kindlichem Niveau. Man muss solche Fallstricke durch gutes Coaching (!) umgehen.
3. **Teilleistungsstörungen** und **Teilleistungsstärken** (segmentale Hochbegabung) sind häufig und verlangen eine eingehende Untersuchung. Training kann bei ihnen wirken. Der Aufwand für eine Behebung der Defizite ist oft nicht vertretbar, für eine Förderung der Stärken segensreich.
4. **Folgen** wie fehlgeleitetes Lernen mit Mechanismen, die einer posttraumatischen Belastungsstörung gleichen, Sozialängsten und vernichtetem Selbstwertgefühl im Schlepp sind mit einer »Psychologischen Psychotherapie« zugänglich. Zu den Folgen gehören auch eine Vielzahl individueller Kompensationsmechanismen, die erfolgreich zu erweitern und zu stärken sind.

5. Die Diagnostik des Körpers weiter in den Vordergrund rücken

Das Phänomen ist mir immer wieder ein Rätsel. Die Ärzte, die für den Körper zuständig sind, behaupten zwar, sie behandelten den ganzen Menschen, verschließen in der täglichen Arbeit dennoch gerne die Augen vor seelischen Problemen und Ressourcen. Psychotherapeuten und Psychiater machen es nicht anders. Bei ADS kann das nicht gut gehen. Die verantwortliche Regulationsstörung in einem wichtigen Steuerungsmodul des Gehirns betrifft in gleicher Weise Körper und Geist.

Was ist zu beachten?

Sportfähigkeit

Harte körperliche Arbeit ist neben Medikamenten das wirksamste Mittel die heftig schwankenden Emotionen ins Lot zu bekommen. In unserer derzeitigen Umwelt ist die Bewegungsarmut ein Grund dafür, dass ADS als Problem gehäuft auftritt. Im Ausdauersport gibt es einen zeitraubenden (täglich mindestens zwei Stunden), aber wirksamen Ersatz.

Wenn die Diagnose ADS gesichert ist, sollte einer der ersten Schritte eine sportärztliche Untersuchung sein, um abzuklären, ob Sport bis an die Leistungsgrenze möglich ist. Der nächste Schritt ist, ein Trainingsprogramm aufzustellen, nach Möglichkeit unter fachkundiger Anleitung und Betreuung. Wahlweise kann auch Gartenarbeit denselben Dienst tun (der abgesetzte Kaiser Wilhelm II. hat stattdessen in den Niederlanden Holz gehackt).

Vorbereitung der Medikation

Es gibt eine Vielzahl von Substanzen, die bei ADS segensreich eingesetzt werden können. Stimulantien wie Methylphenidat sind die erste Wahl, weil sie umfassend wirken und ein flaches Nebenwirkungsprofil haben. Aber einen hohen Blutdruck können sie verschlimmern. Bei erhöhter Krampfbereitschaft sind sie mit Vorsicht zu geben. Auch bei Schlaf- oder Appetitstörungen muss man aufpassen. Sie wirken leider nur kurz und stürzen Körper und Geist (eben nicht nur den Geist!), wenn die Wirkung beendet ist, in ein Chaos.

Einer der besten Wege dieses Chaos abzufedern und Dosis zu sparen, sind Herzmedikamente, die Beta-Blocker. Diese sollte man nur nach internistischer Voruntersuchung geben. Auch ein Sportmediziner sollte gegebenenfalls ein Wort mitreden!

Andere wirksame Mittel aus der Gruppe der Antidepressiva verlangen Untersuchungen der Leber oder Nieren (einige Stimulantien auch). Es muss dabei bedacht werden, dass es sich um eine Dauermedikation über Jahrzehnte handeln wird. Was kurzfristig keinen Schaden macht, kann langfristig fatal sein. Viele dieser Mittel haben Auswirkungen auf die körperliche Leistungsfähigkeit oder das Sexualleben. Das sollte vorab geklärt werden und ist im Verlauf der Medikation zu kontrollieren. Weniger ist auf Dauer mehr!

Gefahr des Aufschaukelns von Stresserkrankungen

Menschen, die ein Leben lang unter hohem Druck stehen und von einer Erschöpfung in die nächste taumeln, werden schneller krank. Ab dem 40. Lebensjahr wird das bei Menschen mit ADS zum dauernden Thema. Die Hitliste wird von Herz-Kreislauf-Erkrankungen angeführt.

In jüngeren Jahren kommt es häufiger zu Schmerzzuständen aller Art. Zum Beispiel ist ein Bandscheibenvorfall als Folge eines schmerzhaft verspannten Rückens nicht selten. Migräne und Fibromyalgie (Faser-Muskel-Schmerz) haben vermutlich zusätzlich direkt mit einer überschießenden Schwingungsfähigkeit von neuronalen Regulationssystemen im Gehirn eines ADSlers zu tun. Auf Deutsch heißt das: Auch das Schmerzempfinden und die Regulation der Wandspannung von Gefäßen sind anders als bei »sonstigen« Menschen.

In gleicher Richtung ist das häufige Auftreten atopischer Erkrankungen zu deuten (Asthma, Neurodermitis, Heuschnupfen). Das Immunsysten ist eng mit den »Nerven« verbunden. Der fast regelmäßig anzutreffende Reizdarm ist ebenfalls ein Zeichen von solchen Regulationsstörungen.

Bisher meines Wissens nicht erforscht ist das Auftreten eines Typ II Diabetes (Alterszuckerkrankheit) als mögliche Folge eines ADS. Durch stressbedingte, andauernde Hochregulation des Blutzuckers vermittels Corticoiden (Stresshormone wie Kortison) und die folgende Erschöpfung der Bauchspeicheldrüse kann er bei entsprechender Veranlagung ausgelöst werden.

Die Suche nach solchen Begleiterkrankungen gehören zur Diagnostik des ADS, um Folgeschäden zu vermeiden! Die beste Vorsorge gegen die meisten dieser oft tödlich endenden Folgekrankheiten ist körperliche Bewegung. Ein ADSler kämpft an so vielen Fronten, dass jede weitere Beeinträchtigung zum kompletten Versagen der Kompensationsmechanismen führen kann. Einer der häufigsten Folgen ist der Absturz in einen Erschöpfungszustand. Bei der Mehrzahl der erwachsenen ADSler äußert sich die Dekompensation in einer Stresserkrankung. Diese ihrerseits wird zu einer der Ursachen des Absturzes. Die körperlichen Schäden sind häufig bleibend.

Es sollte aber nicht nur bei Depressionen nach ADS gesucht werden. Auch unter den Stresserkrankten wird ADS überdurchschnittlich oft zu finden sein. Eine »Depression« als Zeichen eines »Burn Out« reiht sich da ein.

Wenn eine Stresserkrankung vorliegt, hat die Behandlung derselben Priorität. Es können dann Kräfte freigesetzt werden, besser mit dem ursächlichen ADS umzugehen. Vorbeugen kann man, wenn bei festgestelltem ADS beizeiten nach der Neigung zu körperlichen

Schäden gesucht wird. Jeder Mensch hat da seine eigenen Schwachstellen. Gezielte Vorsorge ist Trumpf. Und noch einmal: Behandelt wird nicht das ADS, sondern der ganze Mensch!

Differenzialdiagnosen

Eine Differenzialdiagnostik ist, wenn Derick fragt, wer von den vielen Verdächtigen der Mörder ist. Genau so macht man das auch mit Erkrankungen.

Auf seelischem Gebiet ist dieses Verfahren allgemein bekannt. Viele Erkrankungen können ein ADS mit Fehlsteuerung von Emotion, Impulsivität und Konzentration imitieren. Um hier differenzieren zu können, muss untersucht werden, ob diese Beschwerden von frühester Jugend an bestanden und die begleitenden Reifungsdefizite aufwies. Das Spektrum der Krankheiten, zu denen mit Unterscheidungskriterien abgegrenzt werden muss, geht von der Depression über die posttraumatische Belastungsstörung und Erschöpfungszustände bis zur Zwangserkrankung. Eine packende Fallbeschreibung zu letzterer finden Sie bei P. Rossi.

Weniger bekannt ist, dass auch bei körperlichen Erkrankungen ausgeschlossen werden müssen. Das trifft auf Allergiker zu (Nahrungsmittelallergie als wichtige Differenzialdiagnose im Kindesalter). Das trifft auf Schmerzerkrankte zu. Das trifft auf Hormonstörungen zu, sowohl bei der klassischen Schilddrüsenüberfunktion als auch bei den Wechseljahren …)

Eine fundierte Körper- und Seelendiagnostik ist nötig. Bei der Häufigkeit von ADS ist es nicht selten, dass jemand eine typischerweise ein ADS vortäuschende Erkrankung *und* ein ADS hat. Im Medizinerjargon heißt das: Läuse schließen Flöhe nicht aus. Mit der Behandlung des Körpers nimmt das seelische Problem ohnehin ab. Wenn zudem ADS vorliegt, hilft eine Behandlung desselben auch dem Körper. Und immer wieder gilt:

Körper und Seele lassen sich nicht trennen, wenn es um ADS geht noch weniger als sonst!

6. Die Behandlung mit Medikamenten muss maßgeschneidert sein

Das sollte selbstverständlich sein, dennoch ist es selten der Fall. Die wichtigste Ursache dafür ist die Komplexität von ADS selbst. Die ständigen und heftigen Schwankungen der Emotionen, der Konzentration im Tages- wie im Jahresverlauf machen eine saubere Einstellung mit Medikamenten unmöglich. Was heute noch richtig ist, kann im nächsten Monat wegen einer der vielen kleinen Abstürze schon falsch sein. Also ist es nötig, dass die Medikation flexibel gehandhabt wird. Dem ist aber nicht so.

Wegen der im Regelfall geringen Reife in der Selbstbeurteilung sind Menschen mit ADS zumeist bei der Einstellung keine Hilfe. Auf deren Bezugspersonen ist in diesem Fall deutlich mehr Verlass. Bei Mitgliedern unserer Selbsthilfegruppe hat das mehrfach dazu geführt, dass Methylphenidat abgesetzt wurde, obwohl es hervorragend wirkte. Diese Menschen hatten es nur selbst nicht bemerkt! In allen Fällen handelte es sich um allein stehende Personen. Die zwingende Schlussfolgerung ist, dass eine medikamentöse Einstellung bei ADS ein funktionierendes tägliches Coaching voraussetzt.

Die nächste Hürde ist, dass es keine Dosisstandards gibt, auf die Verlass wäre. Sehr ausgeprägt ist das bei der am meisten verschriebenen Substanz, dem Methylphenidat. Für Erwachsene sind Dosierungen zwischen 10 mg und 120 mg hilfreich. Das »Hochtitrieren« auf die richtige Menge in Schritten von 10 mg ausgehend von 2x5 mg pro Tag kann Monate dauern. Bei den Antidepressiva und Beta-Blockern sind häufig sehr viel kleinere (bis zu einem Zehntel) als die üblichen Dosierungen angebracht. Beruhigungs- und Schlafmittel, etwa aus der Reihe der Benzodiazepine sind streng kontraindiziert (verboten). Nicht nur das sie oft paradox (erregend) wirken, auch das Suchtpotenzial ist erheblich.

Zur Wahl des richtigen Medikaments muss allerlei bedacht werden. Sämtliche Überlegungen sollten gemeinsam mit dem Patienten gemacht werden. Wo immer möglich, ist ein Alltags-Coach einzubeziehen, oft sind das die Eltern oder der Ehepartner. Eine gute Einstellung ist nicht unter einem halben Jahr zu machen und wird auch dann immer wieder angepasst werden müssen.

Wegen der Vielzahl der anzustellenden Überlegungen stelle ich im Folgenden eine Reihe Fragen in den Raum. Die Liste ist weder vollständig noch systematisch, kann aber Anregungen bieten. Das aktuell auf den Markt gekommene Medikament Stratera ist mangels ausreichender Erfahrungen nicht berücksichtigt.

Diagnostische Fragen vor der Medikation

- Gibt es bei Unterstimulation (Langeweile) oder ständig wiederkehrenden Alltagssituationen die Neigung zur Aggression oder Selbstbeschädigung? *Methylphenidat*. Das kann beim Dosisabfall nicht beherrschbare Wutanfälle erzeugen. Das wird zum Problem, zu Hause und auf der Arbeit. Wenn es dazu kommt: Kombinationstherapie mit einem Antidepressivum oder Beta-Blockern. Wenn auch das erfolglos ist: *Reboxetin* pur.
- Kommt es im Dosisabfall von Methylphenidat zu Angst oder Trauer? Möglicherweise liegt eine falsche Dosierung vor. Wenn nicht: Kombination mit Antidepressiva versuchen.
- Kommt es unter *Methylphenidat* zu Trauer? Möglicherweise ist die Dosierung zu hoch. Wenn nicht: Wechseln auf Reboxetin.
- Wird Sex als wichtiges Kompensationsmittel genutzt? In diesem Fall sollten besser keine Antidepressiva oder Betablocker gegeben werden. Vielen ist ein erfülltes Sexualleben erst unter Stimulantien möglich.
- Wirkt Sport als Kompensationsmittel? Stimulantien sollten möglichst pur genommen werden. Weitere Chemie schmälert die körperliche Leistungsfähigkeit. Eventuell kurz wirkender Beta-Blocker zur Nacht (z.B. *Atenolol*).
- Liegt eine psychosomatische Erkrankung vor? Stimulantien wirken nur wenige Stunden am Tag und schaukeln ein angeschlagenes

vegetatives Nervensystem zusätzlich auf. Krank ist der Patient aber 24 Stunden am Tag. Ein Antidepressivum mit Wirkung auf den Dopamin- und Noradrenalinstoffwechsel und langer Wirkdauer ist angesagt. *Reboxetin* (Edronax) kann dann in erstaunlich geringer Dosierung wirken und spart dann einiges an Schmerzmitteln.

- Sind Erregungszustände das Hauptproblem? Antidepressiva alleine sind eine gute Alternative zum Stimulanz plus Kombinationspartner. Nicht bei jedem wirkt jedes Mittel. Nie, wirklich niemals, so genannte Schlafmittel geben und sei die Schlaflosigkeit noch so schwer.
- Ist Konzentrationsschwäche das Hauptproblem? In diesem Fall liegt die größte Stärke der Stimulantien. Antidepressiva sind nahezu wirkungslos.
- »Festbeißen« wird als Hauptproblem erkannt. In diesem Fall handelt es sich um eine Störung aus dem Komplex der Impulsivität. Antidepressiva (z.B. *Venlafaxin*) sind den Stimulantien ebenbürtig (aber nicht besser). Eine Kombination ist die erste Wahl (außer bei Sportlern oder kreativ Tätigen).
- Zeigt sich eine heftige und quälende Emotionalität? Wenn das in mit Stimulantien beherrschbaren Zeiträumen so ist, dann sollten nur diese gegeben werden, sonst in Kombination mit Antidepressiva. Ausnahmsweise ist auch eine Monotherapie mit Antidepressiva möglich. Nie »Beruhigungsmittel« aus dem Kreis der Benzodiazipine geben!
- Ist der Patient ein Kind? Wegen der vermutlich lebenslang erfolgenden Therapie darf nur gegeben werden, was in der Beobachtung über Jahrzehnte keine Schäden gezeigt hat. Methylphenidat ist hier die einzig verfügbare Substanz. Unter Bedenken ist Amphetamin als Reservemedikament möglich.
- Hoher Blutdruck? Betablocker behandeln sowohl ADS-typische Erregungszustände als auch den hohen Druck selbst. Diese sind dann Mittel der ersten Wahl vor Diuretika (harntreibenden Mitteln). Stimulantien sind sie geeignete Partner. Die Amerikaner betreiben das mit Erfolg. Bei Sportlern vorher: sportärztliche Abklärung!

- Kunstschaffen als Kompensationsmechanismus? Stimulantien pur! Antidepressiva mit ihrer Wirkung auf die Impulsivität wirken auch hemmend auf die Kreativität. Von allen Substanzen machen das die Stimulantien als einzige nicht!
- Erschöpfungszustand? Die Erholung hat absolute Priorität vor der kurzfristigen Wiederherstellung der Leistungsfähigkeit. Stimulantien können den Patienten ausquetschen bis »nichts mehr über« ist. Die Leistungsfähigkeit wird gesteigert, ohne dass die nach vorne treibende Impulsivität im gleichen Maße zurückgeht. Die mangelnde Fähigkeit zur Selbstbeobachtung nimmt dem Patienten auch die letzte Chance, da die Erschöpfbarkeit nur scheinbar geringer wird. Diese Falle gibt es auch bei Antidepressiva. Diese können wirklich das Empfinden für die Erschöpfung komplett »zuschmieren« und damit Stimulantien unheilvoll ergänzen. Die Angabe »Es geht mir besser!« ist dann nicht verlässlich. Wenn Medikamente gegeben werden, dann nur nach intensiver Aufklärung und mit Coach! Sicherer ist es zudem, auf eine Kombinationstherapie zu verzichten. Nie, nie Sedativa (Beruhigungsmittel) geben!
- Während einer psychologische Psychotherapie. Zur Herstellung der Kommunikationsfähigkeit und der Konzentration sind Stimulantien die erste Wahl. Zudem greifen sie von allen Substanzen am geringsten in die Persönlichkeit ein. Jegliche Therapie, die auf ein Nutzen der Ressourcen abzielt, findet in Stimulantien einen geeigneten Partner.

Es braucht Geduld

Liebe Leserin, lieber Leser! Ich hoffe Sie können mir verzeihen, dass ich keine komplette Liste der derzeit verwendeten Substanzen und Dosierungen angebe. Auch habe ich mich bewusst nicht über die vielen im Handel befindlichen Darreichungsformen des Methylphenidat ausgelassen. Mir war es wichtiger Ihnen eines zu vermitteln:

Eine Einstellung mit Medikamenten verlangt Zeit und das Zusammenwirken von Patient, Arzt, Coach, Psychotherapeut sowie oft weiterer Personen. Im Erwachsenenalter werfen psychoaktive Substanzen oft ebenso viele Probleme auf, wie sie lösen. Man sollte sich damit abfinden, mehrere Mittel und Dosierungen auszuprobieren, bis das Richtige gefunden ist, wenn es das Richtige gibt.

Das wichtigste Einsatzfeld für Stimulantien entfällt bei Erwachsenen: Ein Ermöglichen sozialen Lernens in dafür offenen Phasen. Für die Behandlung von Kindern sind sie deshalb unverzichtbar. Jenseits des 20. Lebensjahrs ist es ein mühsamer Weg des Ausprobierens, ob überhaupt ein Medikament dauerhaft hilft. Ich hoffe, den Weg durch die obige Liste etwas abkürzen zu können.

7. Die Behandlung muss rhythmisiert werden

Rhythmus, besser die Suche danach, ist immer wieder das Leit-, vielmehr Leidensmotiv bei ADS. Schauen wir uns seine Erscheinungen daraufhin an:

Schlafstörungen sind wegen des schlecht regulierten Tag-und-Nachtrhythmus fast die Regel. Depressive Verstimmungen bei zu wenig Tageslicht gehören auch dazu.

Ungeregelte Aufnahme von Essen und Trinken beeinträchtigt die Konzentration und die gelegentlich folgenden Essstörungen die Gesundheit. Das schlechte Eigenempfinden mit gering ausgeprägtem Satt- und Hungergefühl trägt dazu bei.

Anspannung und Entspannung erfolgen ungeregelt, was sich auch in vermehrter Unaufmerksamkeit oder einem Sich-Hineinsteigern bemerkbar macht.

Auch die Rhythmik im Gehirn im kurz taktenden Bereich (etwa in der Taktlänge in der Musik) lässt zu wünschen übrig. Es leidet darunter eine Reihe von Gehirnfunktionen, etwa das Kurzzeitgedächtnis.

Intuitiv versuchen ADSler zu einem Ersatz für die fehlende eigene Rhythmik zu kommen. Beobachten Sie einen solchen Menschen, in welchem Takt er sich wiegt, klappert, zappelt, usw. Beobachten Sie, wie er, wenn dekompensiert, den Sprachrhythmus verliert und immer schneller und verwaschener spricht. Auch die immerzu kreisenden Gedanken haben einen Rhythmus, irgendwo im Minutenbereich. Kaum zu glauben, aber auch das ist eine Variante, die dazu dient das Gehirn wieder in den Takt zu bringen.

Körperrhythmen sind entscheidend bei der Regulierung der Hormone. Für das Wachstumshormon und Geschlechtshormone ist das seit langem bekannt. In diesem Licht erscheint die statistisch nachgewiesen geringere Größe von ADSlern als leicht begreiflich. Die häufig ungewöhnlich heftigen Beschwerden der ADS tragenden

Frauen in der Woche je vor und nach der Monatsblutung bekommen so auch ihren Sinn.

Mit nichts machen Sie einen ADSler glücklicher als mit rhythmischer Bewegung. Das kann auch Trommeln sein. In unserer Nachbarselbsthilfegruppe (Ahlen/Westfalen) werden Trommelseminare von Menschen mit ADS, gleich welchen Alters, begeistert angenommen.

Rhythmisierung umsetzen

Wo und wie kann die Behandlung rhythmisiert werden:

- Therapiestunden müssen zu immer derselben Zeit am immer gleichen Wochentag angesetzt werden. Das schützt auch vor der »Schusseligkeit«.
- Täglich, besonders im Winter, ist für mindestens eine Stunde unter freiem Himmel zu hellen Zeiten zu sorgen. Licht ist der wichtigste Taktgeber des Menschen. Die vielen Stunden im Haus haben nicht unwesentlich zu »ADS als Problem« beigetragen.
- Regelmäßige Essens- und Schlafenszeiten sind unverzichtbar. Wechselnde Schicht- und Bereitschaftsdienste sind zu meiden, erschöpfen sie Menschen mit ADS doch ungewöhnlich stark.
- Bewegung des Körpers sowie des Geistes ist nötig und sollte regelmäßig erfolgen. Eine anspruchsvolle Aufgabenstellung ist die vermutlich wirkungsvollste Form der Behandlung überhaupt. Ob es sich um das Schreiben eines Essays, handwerkliche Arbeiten oder Üben eines Musikstückes handelt: Fördern durch Fordern ist angesagt!
- Die Behandlungsstunde muss einen regelmäßigen Wechsel von Anspannung und Entspannung beinhalten. Der Takt dazu ist individuell verschieden, liegt aber meistens bei 5 bis 10 Minuten pro Phase.
- Die Pausen sollten mit rhythmischer Aktivität gefüllt sein. Es ist bedeutungslos, ob der Patient den rhythmischen Fingerbewegun-

gen des Therapeuten folgt, selber mit den Fingern trommelt oder Musik macht. Das Letztgenannte kann am besten wirken.

- In den Anspannungsphasen soll Gelegenheit zum Kritzeln, Kippeln oder sonst welcher begleitender Tätigkeit sein. Viele ADSler verschaffen sich den Takt durch Multitasking!
- Wenn alle Stricke reißen, auch Gehen und Laufen sind rhythmische Bewegungen. Ein Interview des Patienten im Spazierengehen kann sinnvoll sein.
- Pausenphasen können auch mit körperlicher Belastung gefüllt werden, z. B. Fahrradergometer und laute Musik.
- Was auch immer: Es gilt die Aufmerksamkeit zu takten und den therapietötenden Ersatztakt durch ein kreiselndes Hyperfokussieren zu unterbrechen. Genau hier liegt eine Stärke des bei Traumapatienten bewährten Verfahrens des Eye Movement Desensitation and Reprocessing (EMDR)(siehe Literaturverzeichnis).
- In den Anspannungsphasen gilt es durch einen Wechsel der Medien einen Takt zu erzeugen. Das Wort sollte beispielsweise durch das Bild, die Musik, die Bewegung und ein Tun des Patienten regelmäßig ergänzt werden. Therapie bei ADS ist zunächst Didaktik, um diese Menschen überhaupt zu erreichen! Zu den leider häufigen Teilleistungsstörungen kann es gehören, dass einer der aufnehmenden Sinneskanäle nicht funktioniert. Als Begleiteffekt lässt sich dieses Problem ebenfalls mildern.
- Viele ADSer haben eigene Rhyhmusverfahren entwickelt. Suchen Sie danach und nutzen Sie das. Bei ADS gilt: Rhythm is it! In dem gleichnamigen und empfehlenswerten Film wird gezeigt, wie erfolgreich ein Fordern und Fördern in der Tanzklasse ist. Ganz nebenbei wirken zwei der Hauptpersonen, der geniale Dirigent Sir Simon Rattle und der Choreograph Royston Maldoom. Das ist Kompensation auf höchstem Niveau mit Musik und Tanz als Taktgeber!

Rythm is it!

Gib dem Menschen mit ADS eine Chance, gib ihm den angeboren fehlenden Takt!

8. Priorität der Wissensvermittlung

Mit einer Persönlichkeit, in der so viele große Schwächen und Stärken liegen, hat man es zeitlebens nicht leicht. Therapeutische Maßnahmen haben nur eine sehr begrenzte Reichweite, so segensreich sie im Einzelfall auch sind. Auf Dauer hilft nur eines: Mit ADS leben lernen und es kreativ nutzen. Das geht am besten mit einem fundierten Wissen darüber.

Wegen der häufigen Unfähigkeit sinnerfassend zu lesen, reicht es keineswegs, dem Klienten ein Buch zu empfehlen. Es ist notwendig, die Wissensvermittlung in mehreren Sitzungen mit unterschiedlichen Medien unter Beachtung des Grundsatzes »Rhythm is it!« abzuarbeiten. Dabei muss die Möglichkeit einer realistischen Analyse der derzeitigen eigenen Situation gegeben werden.

In aller Regel ist ein Therapeut alleine damit überfordert. Eine Selbsthilfegruppe beispielsweise kann da wichtige Arbeit leisten. Bisher ist es so, dass nichts so gut hilft wie eine fundierte Diagnose (inklusive der Kompensationsmöglichkeiten!) und eine gute Ausbildung jedes ADSlers.

Die Zusammenarbeit mehrerer Stellen, etwa der Selbsthilfegruppe (Ausbildung), eines Laien-Coaches (tägliche Führung), einer psychologischen Einrichtung (Diagnose, Krisenintervention) und eines Psychiaters (Medikation) ist der beste Weg zum Erfolg. Es ist die gute Verknüpfung, die eine erfolgreiche Therapie ausmacht.

9. Coaching muss eine zentrale Stelle einnehmen

Coaching verstehe ich ein wenig anders als in der psychologischen Fachliteratur. Es sollte den täglichen Alltag begleiten. Felder, in denen es wichtig ist, gibt es viele. Bedenken Sie, lieber Leser, dass unsere individualistische Gesellschaft biologisch eigentlich nicht vorgesehen ist. Erstmals in der Menschheitsgeschichte verlangen wir ein autonomes Individuum. Dazu fehlen dem ADSler einige Dinge, die ihm nur ein Partner ergänzen kann.

Ein Partner ist nötig

- Unerträglich heftige Emotionen müssen ausgeglichen werden.
- Fehlende Empfindungen für die eigenen Gefühle müssen gespiegelt werden, um Handlungsfähigkeit zu erreichen.
- Fehlende Einschätzung der eigenen Fähigkeiten will ausgeglichen sein. Auch hier ist der Spiegel im anderen nötig.
- Mangelhaftes Belohnungssystem muss kompensiert werden. Motivation und Lernen am Erfolg müssen von außen unterstützt werden.
- Die Neigung zum Festbeißen verlangt immer wieder nach einer Instanz, die trennt.
- Die Handlungsorganisation auf kindlichem Niveau erfordert einen Menschen der erinnert: »Es ist so und so spät, du hattest noch das und das vor…«
- Unglücklich abgelaufene soziale Lernprozesse verlangen ein sympathisches Gegenüber, das vertraut ist und das einem vertraut.

Jegliche therapeutische Aktivität verspricht nur dann dauernde Erfolge, wenn die Umsetzung von einem Coach gestützt wird.

Arbeiten auf Gegenseitigkeit

Wenn wir uns fragen, warum ADS so häufig vorkommt, kommen wir schnell zu dem Ergebnis, dass diese Menschen auf dem Heiratsmarkt nicht so benachteiligt sind, wie man es bei ihren Defiziten annehmen müsste. Tatsächlich ist es so, dass sie einem Partner (nicht nur dem Ehepartner) mit ihrer unbedingten Einsatzfreude, Liebenswürdigkeit und Sensibilität erheblichen Gewinn bringen können. Ihrem Sozialverband können sie wegen der angeborenen Fähigkeit Krisensituationen zu bewältigen das Überleben sichern. Coaching ist keine Einbahnstraße! Die Stärken dieser Menschen benötigen wir alle!

Was sollte der Coach mitbringen: Offenheit, Wissen um ADS inklusive der spezifischen Konfliktlösungsstrategie (z.B. trennen statt beschwichtigen), Teamfähigkeit, Spiellaune und Freude an den Stärken des anderen.

Alltägliche Coachingmodelle können beispielsweise die Ehe sein, die Sekretärin, eine Studiengruppe, der Steuerberater usw. Es ist keineswegs nötig, dass eine einzelne Person zugleich sämtliche Lebensbereiche abdeckt. Auch einige Therapeuten haben bei kritischer Betrachtung ihrer Arbeit herausgefunden, dass sie immer dann Erfolg hatten, wenn sie sich als Coach betätigten. Das stellt das aktuelle Modell der Psychotherapie, was auf kurzfristige »Heilung« ausgerichtet ist, in Frage. Modelle dieser Art gibt es bereits in der Therapie der Persönlichkeitsstörungen, die unter anderem ein Sammelbecken für ein verkanntes ADS sind (vgl. V. Hocke und A. Schmidtke)

10. Körperliche Betätigung ernst nehmen

Bewegungsarmut und sitzende Tätigkeiten sind in der Menschheitsgeschichte neu. Menschen mit ADS benötigen dringend anstrengende körperliche Arbeit, notfalls als Ersatz Sport.

Warum:

- Die kaum vorhandene Empfindung der eigenen Emotionen ist fatal. Als wesentliches Steuerungsinstrument bleibt die Körperempfindung. Diese kann durch eine regelmäßige Belastung bis an die Erschöpfungsgrenze ideal geschult werden.
- Körperliche Erschöpfung stimmt die Regelkreise des Gehirns um. Sie stellt eine Balance her, die für eine bessere Steuerung der Emotionen und Impulsivität sorgt.
- Gegen alle der zur Invalidität oder zum Tode führenden Folgeerkrankungen ist Bewegung die beste Vorsorge.
- Die bei ADS häufigen Ess-, Schlaf und Sexualstörungen lassen sich dadurch zumindest lindern.
- Als Struktur gebendes Element im Tagesablauf ist Sport besonders bei »depressiven« Menschen mit ADS unverzichtbar.
- Sport hebt das Selbstwertgefühl, daran fehlt es diesen Menschen mit der Vielzahl von Fehlschlägen von frühester Jugend an.

11. Einen offenen und freien Umgang pflegen

Wir haben in den ersten Thesen zu schlecht gelaufenen Therapieversuchen gesehen, dass hier ein »Knackpunkt« liegt. Indirekte Kommunikation, also etwas »durch die Blume sagen«, wird von ADSlern nicht verstanden. Andererseits haben diese Menschen ein feines Gespür dafür, wenn Aussage und Mimik oder Körpersprache nicht zusammenpassen. Aus diesem Grund führen fast alle von Psychologen mühsam erlernten Gesprächstechniken in die Irre, wenn sie nicht gar offene Aggression auslösen. Der Therapeut ist besser beraten, wenn er sich selbst treu ist und sagt, was er fühlt und denkt. Er sollte »authentisch« sein.

Körperempfindung statt Selbstbewusstsein, das ist ein weiterer Baustein der einen offenen Umgang erfordert. Die in schlechten Filmen vom Psychologen gestellte Frage »Was macht das mit dir?« sollte ersetzt werden durch: »Wie fühlt sich das an?«, z.B. im Bauch. Das ist eine Stärke des EMDR.

Auf der anderen Seite wird es oft so sein, dass ein ADSler häufig die verborgene Stimmung des Therapeuten sofort mit seinen oft heftigen Reaktionen spiegelt. Damit kann er nur umgehen, wenn er seine »professionelle Distanz« über Bord wirft. Einen Spiegel vorgehalten zu bekommen, kann auch für den Profi ein Gewinn sein.

Die Demütigung verkannt zu werden, abgestempelt zu sein (Stigmatisierung), nicht ernst genommen zu werden, hat der ADSler ein Leben lang ertragen. Das ausgerechnet von dem zugefügt zu bekommen, dem er sich als Hilfesuchender anvertraut, ist eine weitere üble Erfahrung. Offenheit und echte Neugier des Therapeuten können davor bewahren.

12. Geeignete Umgebungsbedingungen schaffen

Das ist die Zusammenfassung der obigen Thesen.

Mit dem komplexen Gefüge der neurobiologischen Störungen und der Vielzahl der Folgen ist ein Funktionieren des Menschen mit ADS nur unter geeigneten Umgebungsbedingungen möglich. Daran ist der Mensch mit ADS, der unter dem Bild einer Depression in Behandlung kommt, in aller Regel gescheitert.

Ziel ist es, durch eine qualifizierte Diagnose der Stärken und Schwächen eine solche Umgebung finden zu helfen. Während eines therapeutischen Prozesses ist ein dauerhafter Erfolg nur möglich, wenn das in diesem bereits beachtet wird!

Die Stellung des Therapeuten wird dadurch bestimmt, dass er die Weichen vermittels der Diagnose des ADS stellt und sich darum kümmert, dass die persönlichen Stärken und Schwächen des Patienten herausgearbeitet werden. Neuropsychologische Messverfahren können dabei eine kleine Hilfe bieten. Mit diesen Informationen kann eine dem Patienten gemäße – auch beruflich entsprechende – Umgebung gesucht werden. Zur Umsetzung sind unterschiedliche Coachingverfahren nötig. Eine Medikamenteneinstellung wird von Fall zu Fall dabei helfen können. Um den Patienten im Falle eines der häufigen Abstürze wirkungsvoll auffangen zu können, ist eine langfristige Führung des Patienten sinnvoll.

Literatur

H. Abikoff, L. Hechtmann, R. G. Klein, G. Weiss, K. Fleiss, J. Etkovitch, L. Cousins, B. Greenfield, D. Martin, S. Pollack, Symptomatic improvement in children with ADHD treated with long-term methylphenhydate and multimodal psychosocial treatment. Journal of the American Academie of Child and Adolescent Psychiatrie, 2004; 43: 802–811. Als Teil einer Serie von Studien derselben Arbeitsgruppe ebenda, S. 792–838

D. Adams, Lachs im Zweifel, Hamburg 2003

R. A. Barkley, K. R. Murphy, Attention- Deficit Hyperactivity Disorder, New York 1998

S. Bramly, Leonardo da Vinci, Reinbek 1995

H. Beck-Bornholdt/Hans-Hermann Dubben, Der Hund, der Eier legt, Reinbek1997, 4. Auflage 2003

Bundesverband Aufmerksamkeitsstörung / Hyperaktivität e.V. (Herausgeber), Von Anfang an anders! Früherkennung der ADHD … was tun? Forchheim 2003

Bundesverband Aufmerksamkeitsstörung / Hyperaktivität e.V. (Herausgeber), Jahrbuch 2002, Forchheim 2003

R. L. M. Derolez, Götter und Mythen der Germanen, Einsiedeln, Zürich, Köln 1963

D. Ebert, J. Krause, C. Roth-Sackenheim, ADHS im Erwachsenenalter – Leitlinien. Der Nervenarzt 10, 2003, S. 939–946

G. Fischer, Peter Riedesser, Lehrbuch der Psychotraumatologie, 3. Auflage, München 2003

J. W. Goethe, Die Leiden des jungen Werther, München 1978, 19. Auflage 2003

R. John Gorsleben, Die Edda, Gesamtausgabe, Leipzig 1925

E. Hallowell, Differentialdiagnosen bei ADHS im Kindes- und Jungenalter.

E. Hallowell, John Ratey, Zwanghaft zerstreut oder die Unfähigkeit aufmerksam zu sein, Hamburg 1999

F. Hartau, Wilhelm II., Reinbek 1978, 7. Auflage 2000

F. Hennenberg, Wolfgang Amadeus Mozart, Reinbek 1992, 7. Auflage 2002

G. H. Herzog, M. Herzog-Hoinkis, H. Siefert, Heinrich Hoffmann Leben und Werk, Frankfurt a. Main und Leipzig 1995

H. Hesse, Das Glasperlenspiel, Frankfurt 1972

H. Hesse, Der Steppenwolf, Frankfurt 1999

H. Hesse, Narziß und Goldmund, Frankfurt 1975

H. Hesse, Siddharta, Frankfurt 11. Auflage 1978

B. Hesslinger, L. Tebartz van Elst, E. Nyberg, P. Dykierek, H. Richter, M. Ber, D. Ebert, Psychotherapie of attention deficit hyperactivity disorder in adults – a pilot study using a structured skills training programm. Eur Arch Psychiatry Clin Neurosci. 2002 Aug; 252(4): 177–84

V. Hocke, A. Schmidtke, Konzept zur Vernetzung stationärer und ambulanter

Verhaltenstherapie bei Persönlichkeitsstörungen: In Thomas Giernalczyk (Hrsg), Zur Therapie der Persönlichkeitsstörungen, Tübingen 1999
H. Hoffmann, Der Struwwelpeter, Frankfurt a. M. 1845, Faksimile ars Edition München 2002
W. Kohl (Herausgeber), Westfälische Geschichte. Das 19. und 20. Jahrhundert – Wirtschaft und Gesellschaft, Düsseldorf 1984
J. Krause, D. Ryffel-Rawak, Therapie der Aufmerksamkeits-/Hyperaktivitätsstörung im Erwachsenenalter, Psycho 26 (2000) S. 209–223
P. Laslett, Verlorene Lebenswelten, Frankfurt am Main 1991
A. Lindgren, Immer dieser Michel, Hamburg 1993
M. Linehan, Trainingsmanual zur dialektischen Therapie der BPS, CIP Medien, München 1996
M. Maczynska, Die Völkerwanderung, Zürich 1993
A. Maurois, Napoleon, Reinbek 1966, 23 Auflage 2002
D. Morris, Der Menschenzoo, München, Zürich 1972
D. Morris, Der nackte Affe, München, Zürich 1968
C. Neuhaus, Fortbildungsunterlagen zur Durchführung eines Elterntrainings, Kindertherapeutisches Zentrum Esslingen. Im Eigenverlag für Teilnehmer, Esslingen 2003
C. Neuhaus, Hyperaktive Jugendliche und ihre Probleme, Berlin 2000
G. Nebel, Die Not der Götter, Hamburg 1957
MTA Cooperativ Group, A14- month randomized clinical trial of treatment strategies for attention-deficit/hyperactivity disorder. Arch Gen Psychiatrie 1999; 56: 1073–1086
F. Nieder, G. Neckel, Thule Altnordische Dichtung und Prosa, Bd. 3: Die Geschichte vom Skalden Egil, Düsseldorf, Köln1963
F. Nieder, G. Neckel, Thule Altnordische Dichtung und Prosa, Bd. 9: Vier Skaldengeschichten, Düsseldorf, Köln 1964
S. Nordquist, Armer Pettersson, Hamburg 1988
Anne E. Rasa, »Die perfekte Familie«. 1988
H. Ronge, Tacitus und die wichtigsten antiken Stellen über Deutschland, Heimeran, München 1932
P. Retz-Junginger, W. Retz, D. Blocher, H. G. Weijers, G. E. Trott, P. H. Wender, M. Rösler, Wender Utah Rating Scale (WURS-k) Die deutsche Kurzform zur retrospektiven Erfassung des hyperkinetischen Syndroms bei Erwachsenen, Nervenarzt 2002; 73: 830–838
P. Rossi, (K)ein Fall von ADS. Niederschrift eines Referates gehalten am Juvemus-Symposium 2003 in Koblenz. Quelle: Internet 2004 www.adhs.ch. Anschrift des Verfassers: Breitenfeldstr. 24; CH-5600 Lenzburg
D. Ryffel-Rawak, Wir fühlen uns anders!, Bern 2003
R. Sachse, Persönlichkeitsstörungen. Leitfaden für die Psychologische Psychotherapie, Göttingen 2004
M. Schad, Elisabeth von Österreich, München 1998, 3. Auflage 2001
E. Seidler, Von der Unart zur Krankheit, Deutsches Ärzteblatt 30.01.04, S. 199–202
F. Seewald, Skalden Sagas, Frankfurt 1981

F. Shapiro (Herausgeber), EMDR als integrativer psychotherapeutischer Ansatz, Paderborn 2003
M. Spitzer, Musik im Kopf, Stuttgart 2002
F. de Waal, Wilde Diplomaten, München 1993
B. Watterson, 20 Jahre Calvin und Hobbes, Frankfurt 1999
L. Weiss, Leben mit ADS, Moers 2003
L. Weiss, ADS im Job, Moers 2003
M. Winkler, P. Rossi, Borderline-Persönlichkeitsstörung und Aufmerksamkeitsdefizit/Hyperaktivitätsstörung bei Erwachsenen, Persönlichkeitsstörungen 2001,5, S. 39-48
S. Zweig, Schachnovelle, Frankfurt/M 1974, 51. Auflage 2004

Danksagung

Ein Buch schreibt man nicht alleine.

Ohne die Unterstützung meiner Frau wäre ich nicht über 10 Seiten hinausgekommen.

Ohne die Schreibschule von Studiendirektor i. R. Wolfgang Brockpähler, selber Autor mehrerer Bücher, wäre es ein unlesbares Gestammel geblieben.

Ohne das Vertrauen und die Mitarbeit der Freunde aus der Selbsthilfegruppe hätte ich nichts zu schreiben gehabt.

Ohne offene Diskussion mit Profis hätten viele Anregungen gefehlt. Ich denke da besonders an Frau Dr. Alm, Frau Kamphusmann, Herrn Dr. Paulus, und Herrn Jostes.

Ohne Frau Neumann vom Kreuzverlag wäre es nicht verlegt worden.

Ohne Ihr Interesse, liebe Leserin, lieber Leser, hätte ich es nicht schreiben brauchen.

Danke!

Bibliografische Information Der Deutschen Bibliothek
Die Deutsche Bibliothek verzeichnet diese Publikation in der Deutschen Nationalbibliografie; detaillierte bibliografische Daten sind im Internet über http://dnb.ddb.de abrufbar

www.kreuzverlag.de

Umschlaggestaltung: P. S. Petry & Schwamb, Agentur für Marketing und Verlagsdienstleistungen, Freiburg
Umschlagfoto: © Royality Free / CORBIS
Satz: de·te·pe, Aalen
Druck: CPI – Clausen & Bosse, Leck

ISBN 978-3-7831-2704-1